DIANWANG QIYE CAIWU GUANLI
ERP FICO DE YANJIU YU YINGYONG

电网企业财务管理

——ERP FICO 的研究与应用

张旭东　黄建平　钱仲文　等

中国电力出版社
CHINA ELECTRIC POWER PRESS

内 容 提 要

本书是国网浙江电力有限公司互联网部基于现代财务管理理论，结合近年来对企业资源管理（ERP）的监测分析案例，对 ERP FICO 的企业运营最佳实践经验的阶段性总结成果。主要内容为电网企业财务管理应用概述、采购与付款管理、销售与收款管理、筹资管理、固定资产管理、在建工程管理、输配电成本管理、预算管理与资金管理、财务报告、ERP FICO 业务数据的价值挖掘，阐述了电网企业财务管理各阶段的相关概念和业务流程，并结合实际案例，充分体现了 ERP FICO 在电网企业财务管理中的应用，图文并茂、浅显易懂。

本书可供电网企业各层级管理人员和项目实施人员学习借鉴，也可为其他行业及广大 ERP 从业人员提供参考。

图书在版编目（CIP）数据

电网企业财务管理：ERP FICO 的研究与应用/ 张旭东等编著 .—北京：中国电力出版社，2019.10
ISBN 978 - 7 - 5198 - 3807 - 2

Ⅰ. ①电… Ⅱ. ①张… Ⅲ. ①电力工业－工业企业管理－财务管理 Ⅳ. ①F407.610.672

中国版本图书馆 CIP 数据核字（2019）第 246148 号

出版发行：中国电力出版社
地　　址：北京市东城区北京站西街 19 号（邮政编码 100005）
网　　址：http://www.cepp.sgcc.com.cn
责任编辑：孙　芳（010 - 63412381）
责任校对：王小鹏
装帧设计：赵姗姗
责任印制：吴　迪

印　　刷：北京天宇星印刷厂
版　　次：2020 年 1 月第一版
印　　次：2020 年 1 月北京第一次印刷
开　　本：787 毫米×1092 毫米　16 开本
印　　张：8.5
字　　数：192 千字
印　　数：0001－1000 册
定　　价：80.00 元

编　委　会

前　言

随着国内外宏观和微观经济环境的快速变化，电网企业的发展需要不断顺应时代变革。财务管理作为企业经营管理的重要内容，也是生产经营活动、经济效益、社会效益最直接的综合体现。近年来通过 ERP FICO 在电网企业的实施，协助公司识别新的业务机遇，提高工作效率，通过集成整合，对繁复的业务流程进行迅速、灵敏和全过程的有效管理。

本书是电网企业 ERP 应用系列丛书的第 4 部著作，先前作者已从电网企业项目管理、物资管理、人力资源管理等专业角度，分别编制 ERP PS、ERP MM、ERP HR 等模块在各自专业管理方面的具体应用与探索的相关著作。

本书根据电网企业财务管理特点，以各业务循环为主线，划分为 10 个章节，涵盖采购与付款、销售与收款、筹资管理、固定资产、在建工程、输配电成本、预算与资金、财务报告 8 个业务循环，并对各业务循环与系统应用解决方案及 "ERP FICO 业务数据的价值挖掘" 分别进行详细阐述。

第 1 章：电网企业财务管理应用概述。本章主要介绍我国电网企业财务管理发展历程、财务管理的特点及其内容，指出电网企业财务管理对信息化建设的迫切需求，回顾电网企业 ERP FICO 实施历程及作用。

第 2 章：采购与付款管理。本章主要阐述购电业务、物资与服务采购及核算管理的相关概念及其应用流程，并通过 ERP FICO 实现购电业务和账务高效协调，确保企业一本账，保证企业经营收益，利用 ERP FICO 与 ERP MM 的无缝集成功能，实现物资、服务采购与财务账务处理的实时集成。

第 3 章：销售与收款管理。本章主要阐述售电业务、营业收费业务及核算管理的相关概念及其应用流程，利用 ERP FICO 与营销系统的营财一体化解决方案，实现营销销售收款业务数据与财务数据的高度集成，确保账实一致性。

第 4 章：筹资管理。本章主要介绍银行借款、融资性租赁的相关管理规范及其业务流程，并介绍 ERP FICO 的资产管理功能、融资管理功能在相应业务流程的应用解决方案。

第 5 章：固定资产管理。本章主要介绍固定资产主数据管理，固定资产新增、运行、退出管理的相关管理规范及其业务流程，并介绍 ERP FICO 在资产台账和资产价值有效管理，资产与设备联动管理等方面的应用解决方案。

第 6 章：在建工程管理。本章主要介绍在建工程成本管理、转资管理的相关管理规范及其业务流程，并介绍 ERP FICO 工程全过程的成本精确归集及工程竣工决算管理等方面的应用解决方案。

第 7 章：输配电成本管理。本章主要介绍可控费用、不可控费用等相关管理规范及其业务流程，并介绍 ERP FICO 的成本中心、工单等成本归集对象功能，阐述上述功能在输配电成本与财务费用核算方面的应用解决方案。

第 8 章：预算管理与资金管理。本章主要介绍预算管理和资金管理的概念、管理规范及业务流程，介绍 ERP FICO 的基金预算、项目预算以及月度现金流量预算的编制、执行及分析功能，阐述银行主数据、电子支付、资金自动归集功能在相应业务方面的应用解决方案。

第 9 章：财务报告。本章主要介绍对内、对外财务各类报告的编制概念及其业务流程，并介绍 ERP FICO 的各类报表管理功能，阐述报表编制、稽核及上报的应用解决方案。

第 10 章：ERP FICO 业务数据的价值挖掘。本章主要介绍 ERP FICO 在电网企业业务数据价值挖掘方面的应用案例。

鉴于电网企业财务管理业务的复杂性和多样性，不同的电网企业可能由于具体业务需求的差异而导致解决方案选择的不同，在对管理业务、应用方案理解与设计过程中，读者可能存在不同的见解。

本书在编写过程中，参阅借鉴了不少有关人员的研究成果及实际案例，在此，对他们的辛勤工作、贡献表示深深的谢意。

限于编者水平，书中难免有不妥之处，恳请读者批评指正。

编者

2019 年 11 月

目　录

电网企业财务管理应用概述

本章主要介绍我国电网企业财务管理发展的历程、财务管理的特点及其内容，总结传统财务管理中存在的不足，指出电网企业财务管理对信息化建设的迫切需求，并提出了电网企业财务管理各业务阶段应用解决方案。

1.1 电网企业财务管理的发展

1.1.1 电网企业财务管理的历程

财务管理是指遵照国家相关法律法规及政策，结合企业的整体目标，对企业的财务关系及活动进行有组织的管理工作，对企业的经营管理具有重要的支撑作用。企业财务管理以企业利润最大化及风险最小化为经营目标，进行资本的融通（筹集资金）、资产的购置（资金投放）、资金流动的监控及利润分配的管理等财务活动。

改革开放 40 多年来，我国电力工业经历了从政府部门到电网企业的历史演变。电网企业财务管理工作从"增减记账法"到"借贷记账法"、从"拨改贷"到"资本金制度"、从"拨算盘"到"计算机"的改革与进步历程，财务管理工作发展迅速。传统财务管理以会计核算为主，仅限于较为简单的记账和核算职能。现代财务管理功能不断强化，除了记账和核算职能外，还增加了资金计划管理、成本分析管理、企业决策数据支持、税务计划办理、现金出纳管理、综合财物分析管理、统计管理等复杂职能。

电网企业财务管理大致经历 3 个阶段：

1983 年以前，电网企业财务核算主要以手工记账为主。

1983—1995 年，微型计算机开始普及，会计工作具备了电算化处理能力。电网企业财务管理电算化涵盖了会计报表编制、账务处理和数据查询等方面，但是这个时期开发的电算化软件通用性弱、实用性差，同时缺乏相应的管理制度和内控制度。

1996 年至今，随着信息化时代的来临以及对自身管理模式变革的需求，电网企业开始推行 SAP（System Applications and Products，SAP）系统进行企业管理。通过 SAP 系统将信息技术和先进的管理思想应用于财务管理，使电网企业财务管理的信息化水平得到了质的提高，从而也更加有效地促进了企业人、财、物等资源的综合平衡和优化管理。

1.1.2 电网企业财务管理的特点

电网企业作为公共服务型企业，承担较大的社会责任，财务管理具有特殊性，其突出特点主要表现为资产规模大、筹资需求大、资金流量大、受国家政策影响大等。

1. 资产规模大

电网企业拥有大量的输电、变电、配电等供用电设备资产，资产种类多、分布广、投资规模大，这些资产保障了电网企业正常的生产和经营活动。

2. 筹资需求大

随着经济快速发展，电网运营规模日益扩大，电网投资不断增加，电网企业现有营业收入难以满足企业发展的资金需求，需要通过筹资补足，电网企业资产负债率较高。

3. 资金流量大

随着电网规模日益增大，为保证电网供电质量，提升服务水平，电网企业每年需要投入数千亿元用于电网建设、技术改造、设备大修等工程项目，资金流量大。

4. 受国家政策影响大

电网企业的电力定价、税收优惠由国家政策法规制定，随着电力体制改革的推进，财务工作需要不断适应政府监管要求，持续提升服务战略、服务监管、服务业务、服务管理的能力。

1.1.3 电网企业财务管理的内容

电网企业财务管理包括预算管理、会计核算管理、资产产权管理、资金管理、工程财务管理、电价管理、稽核内控与风险管理、财税管理等。

（1）预算管理包括预算启动和编制、预算初次汇总、预算下达分解、预算最终汇总、预算调整、预算分析等，及时掌握业务预算实施动态，跟踪监控重大预算事项，强化预算执行控制，及时做好预算调整，实现预算执行平稳有序。

（2）会计核算管理包括采购到付款核算、购电到收入核算、报销核算、资产核算、工程核算等。

（3）资产产权管理包括资产新增管理、资产运行期间管理、资产退出管理、产权设立管理、产权变动管理、资产评估与产权登记管理等。

（4）资金管理包括账户管理、资金存量管理、现金流预算管理、资金运作管理和融资管理等。

（5）工程财务管理包括工程项目前期管理、工程实施阶段管理、项目竣工阶段管理、项目后评价阶段管理，以工程建设阶段价值管理为核心，实行工程全过程财务管理。

（6）电价管理包括电价研究、电价测算及报批、电价基础信息管理、电价分析与监督。

（7）稽核内控与风险管理包括财务稽核、财务评价、财务内控管理、风险管理等，加强对重大财务事项、重要业务处理和重点风险的监控。

（8）财税管理包括国有资本金项目申报、财税政策研究与争取等，加强税收筹划，防控财税风险，争取政策支持，提升财税管理水平。

1.2 电网企业财务管理信息化的发展需求

电网企业传统的财务信息管理系统主要依托企业管理组织，将各自的生产经营数据录入信息系统中，通过一定的数据处理，供各类人员查询和应用，尚处在数据收集和简单的数据处理阶段，难以适应科学、高效的现代财务信息管理要求。

电网企业由于财务信息系统相对孤立，功能互不统一，各系统之间不能无缝链接，"信息孤岛"现象严重，与管理先进的国际集团企业相比，财务管理水平还存在较大的差距。

1. 系统范围存在局限性

从信息化管理进程来看，传统的企业信息管理系统大部分处于单项应用或局部集成应用的阶段，尚未发展成为系统性、整体性的信息管理系统。

2. 系统功能较为单一

传统的企业财务信息管理系统，其数据大量散布在电网企业各个部门，数据基本上处于相对静止的状态，信息系统缺乏动态获取数据的途径和能力，难以有效开展财务综合分析。

3. 可拓展的管理空间少

传统的企业财务信息管理系统，信息编码标准不统一，缺乏必要的接口，不能实现系统间业务整体集成，信息的利用率和整合程度低，不能充分利用企业整体资源。

因此，电网企业迫切需要建设一个高度集成、科学高效的现代财务管控平台，实现信息化、集约化管理，大幅提升财务管理效率效益，提升企业的资源配置能力和资金运作能力。

在现代财务管理与信息化理论的支撑下，结合电网企业财务管理的实际业务流程，新建设的财务信息管理平台需主要满足以下三个方面的信息化需求。

（1）实现业财深度融合的信息反映精益，通过贯通业财流程和信息交互链路，实现业财信息多视角、频道化分析展示。

（2）实现全价值链的经营管理精益，推进价值细化管理到"每一个员工、每一台设备、每一个客户、每一项工作"，全面支持精准绩效考核和业务管理决策。

（3）实现数字化运营的企业管理精益，建设灵活互动、智慧共享的数字化运营平台，全面支撑企业战略目标实现。

1.3 ERP FICO 提升电网企业财务管理

1.3.1 ERP FICO 的定义

1. FICO 的概念

FICO 是财务管理（Financial Management）的英文缩写，是 ERP 最核心的模块，适应国际会计准则，同时也满足 40 多个国家会计准则，包括中国会计准则。FICO 包含 FI 财务会计（Fianncial Account）和 CO 管理会计（Controlling Management）两部分。FI 重点关注外部会计，按照一定的会计准则，组织账务处理，并出具满足财税等外部实体及人员要求的法定财务报表。CO 则注重内部会计，满足内部成本控制，为企业管理层提供决策支持，满足管理机构及人员需要。电网企业应用 FICO 的高集成性特点，建立并拓展成为一个集"人、财、物"为一体，战略与执行贯通的信息化平台。

电网企业围绕 FICO 模块开展八大业务循环的账务核算工作，明确财务管理的职责和管理内容。规范系统相关主数据维护、各类业务流程操作、相关业务数据的录入及账务处理，涵盖采购与付款（包括购电业务及核算、物资与服务采购业务及核算管理）、销售与收款（包括售电业务、营业收费核算管理）、筹资管理（包括银行借款及融资租赁管理）、固定资产（包括固定资产主数据、固定资产新增、运行、退出管理）、在建工程（包括在建工程成本归集管理和在建工程转资管理）、输配电成本（包括可控费用、不可控费用管理）、预算与资金以及财务报告 8 个部分，如图 1-1 所示。

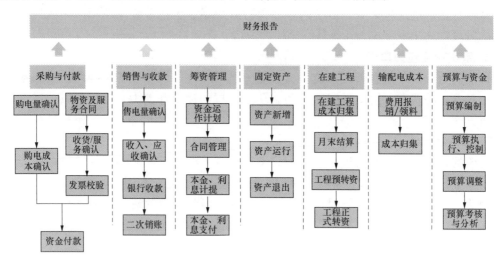

图1-1　电网企业财务八大业务循环示意图

FICO 模块与其他 PS 模块、MM 模块、PM 模块、HR 模块有着高度的集成性，在 ERP 系统内部实现了业务数据实时传递，信息共享。ERP 系统中的 FICO 模块与电网企业其他专业管理系统通过接口集成，在营财一体化、设备资产联动等方面，形成信息集群，使得电网企业的财务管理更加规范、财务核算更加精细、成本管理更加准确。FICO 模块与其他模块及专业系统的集成示意图如图 1-2 所示。

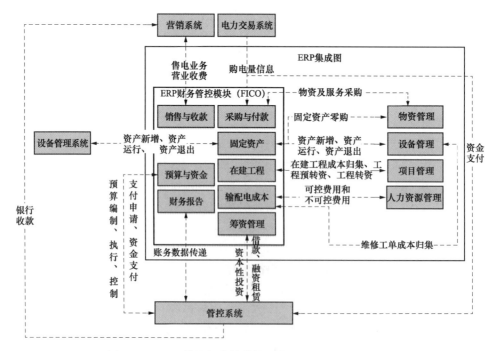

图1-2　FICO 模块与其他模块及专业系统的集成示意图

2. FICO 相关术语

电网企业 ERP FICO 中涉及组织架构和主数据信息的专业术语主要包括公司代码、利润中心、成本中心、供应商主数据、项目定义、工作分解结构（WBS）、内部订单、维修工单、固定资产、无形资产、低值易耗品等。

（1）公司代码。公司代码是一个独立的会计实体，需单独对外披露资产负债表和损益表等法定报表，并履行缴纳税务的法人单位。

（2）利润中心。利润中心是管理会计上用于内部控制的组织单元，可以进行收入和成本分析，是一个内部运营单位。

（3）成本中心。成本中心是管理会计上用于内部控制的组织单元，可以作为成本的归集器，典型的成本中心设计方法是对每个有成本管理责任的底层组织单元定义一个成本中心。成本发生后，被分配或发送到适当的成本中心。

（4）供应商主数据。ERP 系统中供应商作为主数据进行管理，主数据包括该供应商的所有基础信息、会计信息和采购信息。

（5）客户主数据。ERP 系统中客户作为主数据进行管理，主数据包括该客户的所有基础信息、会计信息和销售信息。

（6）项目定义。项目定义是一个总括的项目描述。项目定义为将来项目计划阶段所要创建的所有项目管理对象提供了一个框架。在系统中，项目定义表示是一条记录，包括全局统一的项目编码、项目描述，有关项目的基本情况，包含项目经理、公司代码、成本控制范围、工厂、项目参数文件、计划参数文件、时间、结算规则等。

（7）工作分解结构（WBS）。工作分解结构以可交付成果为导向，对项目要素进行分组，它归纳和定义了项目的整个工作范围，每下降一层代表对项目工作的更详细定义。工作分解结构总是处于计划过程的中心，也是制定进度计划、资源需求、成本预算、风险管理计划和采购计划等的重要基础。

（8）内部订单。内部订单是企业内部独立开展成本计划、成本监控、成本归集和成本结算的特定任务，是财务独立核算的成本对象。根据业务的需要，可以对内部订单赋予不同的意义。

（9）维修工单。维修工单可以作为一个成本对象进行成本计划、归集和结算，所有的成本要素被合并为成本类型。常见的划分为内部人工、内部机器、外部人工、库存材料、备件、外购物料和杂项。

（10）固定资产。固定资产是指各单位为生产商品、提供劳务、出租或经营管理而持有的、使用寿命超过一个会计年度的有形资产。固定资产的分类和具体范围按固定资产目录执行。

（11）无形资产。无形资产是指公司拥有或者控制的没有实物形态的可辨认非货币性资产，通常包括专利权、非专利技术、商标权、著作权、特许权、土地使用权等。

（12）低值易耗品。低值易耗品是指劳动资料中单位价值在规定限额以下或使用年限比较短（一般在一年以内）的物品。它跟固定资产有相似的地方，在生产过程中可以多次使用不改变其实物形态，在使用时也需维修，报废时可能也有残值。由于它价值低，使用期限短，所以采用简便的方法，将其价值摊入产品成本。

1.3.2 ERP FICO 在电网企业实施之路

电网企业在国内较早引入 ERP 成熟套装软件 SAP 系统，应用 FICO 模块来开展企业财务管理信息化建设。电网企业的 ERP FICO 实施历程，最早可以追溯到 1996 年浙江某电网企业引进 SAP 系统开始。经过近 20 年的发展，ERP FICO 已在全国各级电网企业扎根落地，并成为集核算、管控及分析一体化财务管理平台。ERP FICO 在电网企业中的发展历程，如图 1-3 所示，具体概括如下：

（1）1996 年，浙江某电网企业引进 SAP R/3 系统，开展 FICO 模块的实施，并以财务作为企业管理自动化的突破口，开展 PS、MM 模块的实施，并逐步在企业范围内推广。

（2）2000 年，山东某电网企业开始实施 SAP R/3 系统，开展 FICO、PS、MM、PM 等基础模块的实施工作。

（3）2003 年，上海某电网企业开始实施 SAP R/3 系统，开展 FICO、PS、MM、PM 等基础模块的实施；经过 2 年时间，推广至企业各级单位。

（4）2006 年，华东、华北、华南以及西北地区的其他电网企业相继实施 SAP R/3 系统中的 FICO 模块，标志着 FICO 模块在全国电网企业得到充分应用。

（5）2007 年，电网企业采用成熟套装软件（SAP ERP）的技术路线来支撑财务管理等主要业务，财务管理的信息化建设从单纯的 SAP FICO 向 ERP FICO 过渡。

（6）2007 年以后，电网企业持续推进集约化及 ERP 信息工程建设，各类型财务管理专业辅助系统相继建成，形成以 ERP 系统 FICO 模块为核心，各类专业辅助系统为支撑的电网企业财务管理统一平台。

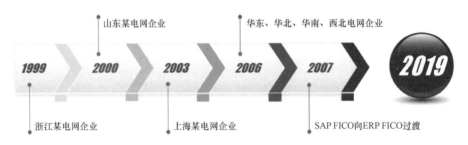

图 1-3 电网企业 ERP 建设历程

1.3.3 ERP FICO 带来财务管理变革

随着新一轮电力改革的重启与全力推进，电网企业的科学管理对财务工作的要求日益提高。在 ERP FICO 的深入应用后，电网企业财务工作由核算型转向管理型，实现对经济业务进行事前预测、决策、计划和预算，事中管理和控制，事后核算和分析的管理要求。具体 ERP FICO 在电网企业的应用带来财务管理变革如下：

（1）完善会计核算管理功能，以 ERP FICO 为核心，整合财务和各业务系统，实现各业务系统的深度融合。依托集成服务平台，实现各层级单位间上报、审批、下达等财务业务有序、畅通、高效运转，实现系统内各单位财务应用的高度协同。

（2）实现对财务主数据的统一管理和集中管控，对财务主数据的创建、变更、审批、分发等全过程的标准化管理。

（3）实现财务管控流程标准化，实现财务业务流程的实时发布、及时固化、动态监控和分析完善。

（4）完善资产管理功能，实现固定资产的动态管理，做到资产卡片与资产实物的对应一致，支持资产全寿命周期管理。

（5）完善资金管理功能，实现资金统一管理，实时掌握整个公司范围内的资金流量和存量情况，全面推进收支两条线的资金管理模式相关功能的建立和完善。

（6）完善预算管理功能，基于财务业务一体化的业务平台，搭建全面预算管理平台，在业务和组织两个范围内，全面实现预算的事前和事中的监督功能。

（7）运用公司统一的分析与决策体系，实现财务的高级分析与辅助决策功能，为财务战略调整提供支撑。

（8）建立财务业务主题数据库和多维分析模型，实现财务的高级分析功能。建立价值创造类决策支持工具库、价值管理活动决策支持工具库、价值衡量活动决策支持工具库，实时生成价值管理网络下的财务战略地图，实时反映各价值贡献点的财务绩效与价值贡献水平。

1.4 ERP FICO 应用解决方案及相关假设

1.4.1 ERP FICO 应用解决方案总览

为方便读者理解，本书将电网企业财务管理分为采购与付款、销售与收款、筹资管理、固定资产管理、在建工程管理、输配电成本管理、预算管理与资金管理、财务报告、ERP FICO 业务数据的价值挖掘 9 个章节，并分别阐述各业务相关概念、业务流程及系统应用。ERP FICO 应用解决方案一览表如表 1-1 所示。

表 1-1　　　　　　　　　　　ERP FICO 应用解决方案一览表

业务管理内容	解决方案功能要点
采购与付款	利用 ERP FICO 协同平台实现关联单位购售双方业务和账务高效协调，确保企业一本账，保证企业经营收益；通过发票智能处理系统扫描电费发票，自动获取发票信息、自动比对电费结算单、自动集成至电子报账系统；将电厂购电结算付款信息从财务管控系统集成到电子报账系统，实现电费资金支付逐笔发起、在线审批、实时清账。 利用 ERP FICO 与 ERP MM 的无缝集成功能，实现物资、服务采购与财务账务处理的实时集成
销售与收款	利用 ERP FICO 与营销系统的营财一体化解决方案，实现营销的业务数据与财务数据的高度集成，确保账实一致性
筹资管理	通过 ERP FICO 的筹资管理功能，包含银行借款和融资租赁等业务，建立合同台账、自动计算本金/租金、利息等，加强融资管理，提高财务处理的准确性
固定资产管理	通过 ERP FICO 的工程自动竣工决算、固定资产零购，以及其他新增、固定资产模块的折旧计提和调拨、拆分及报废工作流等实现固定资产的全寿命周期管理
在建工程管理	通过 ERP FICO 建立一套在建工程科目体系，利用 ERP PS 的 WBS 结构，归集项目建设过程中发生可研等前期费用，归集物资、服务采购、设备安装等产生的设备费、建筑工程费、安装工程费，归集通过费用报销产生的项目建设管理费等其他费用
输配电成本管理	通过 ERP FICO 与 ERP MM 的集成功能自动完成费用的归集；利用网上报销平台，进行输配电成本相关业务的电子报账，将各类业务的内部管控制度整合到系统中，增加业务的合法合规性，提高财务的管理水平。另外，输配电成本还通过预算管理功能，从源头进行预算管控，并对可控费用预算进行强控

续表

业务管理内容	解决方案功能要点
预算管理与资金管理	通过 ERP FICO 与预算管理系统的集成功能，实现预算的事前编制、事中管控及事后的分析和考核功能；通过资金管理功能，实现资金账户的规范化管理，实现资金的计划编制、资金支付的线上审批及资金账户自动归集等功能
财务报告	过 ERP FICO 开展资产负债表、月（季）度财务报表、年度决算报表等编制和查询，开展单体财务报表、合并财务报表等编制和查询
ERP FICO 业务数据的价值挖掘	基于 ERP FICO 和相关业务系统数据，以农村低压电网维护费（简称农维费）科学核定与智能决策、计量资产全寿命周期管控、企业价值链模型、现金流精准控制、大修资金划分 5 个场景为例，开展大数据分析，辅助科学决策

1.4.2 ERP FICO 应用解决方案采用的软件环境

对 ERP FICO 的系统应用解决方案的演示主要是以 SAP ECC6.0 为核心，配套各类专业系统，如营销系统、设备管理系统、财务管控系统、协同抵消平台、网上报账系统等，贯穿电网企业财务管理全业务循环。

2

采购与付款管理

采购与付款是指企业因生产经营需要购买电力、材料、商品或接受劳务供应等，按照政府价格主管部门文件规定或买卖双方协定价格，并依据合法、合规、有效的发票等单据确认成本、债务并支付款项的行为。本章主要阐述购电业务、物资与服务采购及核算管理的相关概念及其应用流程，并通过 ERP FICO 实现购电业务和账务高效协调，确保企业一本账，保证企业经营收益，利用 ERP FICO 与 ERP MM 的无缝集成功能，实现物资、服务采购与财务账务处理的实时集成。

2.1 购电业务管理

2.1.1 购电业务管理概述

购电业务是指电网企业向发电企业或其他电网企业购入电量，根据结算电量及合同价格计算确认成本，并支付款项的行为。

购电类别可分为水电、火电、核电、风电、生物质能、太阳能、抽水蓄能、其他能源等；购电来源可分为向省外电网购电、向独立发电企业购电、向拥有自备电厂的企业购电、向公司系统内的电网企业购电等。

购电管理是指电网企业对购电全过程进行管理，包括上网电价管理、计量装置管理、购电合同管理、购电核算管理等，本章节主要介绍购电核算管理。

购电核算管理的一般规定如下：

（1）购售双方应以当月实际抄见电量为电费结算依据，严格按照政府价格主管部门核定的商业运行电价、调试电价、脱硫补偿电价、脱销电价或省级电网企业协商确定的电价等进行电费计算，不得自行更改或调整。对政府纳入补助目录的可再生能源项目，其上网电价包含可再生能源电价附加补助，可再生能源发电项目上网电量的补助标准根据可再生能源上网电价、脱硫燃煤机组标杆电价等因素确定。

（2）可再生能源电价附加实行收支两条线管理，其中：电网企业随销售电量代征的可再生能源电价附加按月缴库；支付给发电企业的可再生能源附加资金根据国家下发的可再生电价附加资金补助目录，按期申报可再生能源电价附加补助，收到财政部门拨付的补助资金后，及时向相关发电企业支付。

2.1.2 电网企业购电业务管理流程

购电业务管理流程主要涉及营销管理部门和财务管理部门，总体流程如图 2‐1 所示。

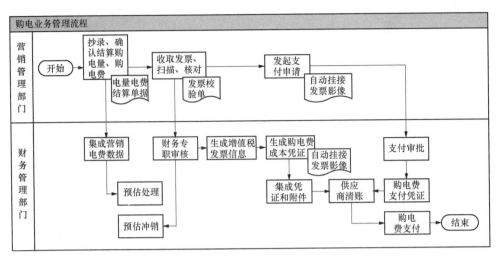

图 2-1　购电业务管理流程

购电业务管理流程要点及各部门职责如下：

（1）营销管理部门：主要负责抄表核算，出具电量电费结算单据，并在营销系统中通过集成接口汇总发送抄表数据；负责收取发票，在系统中比对发票与结算单信息，确保数据一致；负责在电子报账中新建付款单据，匹配集成的发票信息，提交付款流程。

（2）财务管理部门：负责接收集成的购电结算通知单，审核结算单信息，推送生成购电结算预估单；负责审核发票、结算单信息，批量冲销购电结算预估单，编制购电结算单，完成成本账务处理；负责审核付款信息，实时清账，并完成付款。

2.1.3　ERP FICO在购电业务管理中的应用

在ERP FICO中，电网企业购电业务分为向电网企业和向发电企业购电，具体描述如下：

向电网企业购电由售电方发起购售电业务协同单据，按照预定的关联业务类型及业务协同规则，将协同单据传递至售电方进行确认，确认无误后，生成购电方成本确认及售电方收入确认的会计凭证，并自动完成合并抵消，保证购售电信息和凭证信息及时传递和一致性。购电款项支付通过系统资金自动归集，统一资金支付。购电的款项通过电费户银行账户自动进行划拨，自动生成售电方预收款和购电方预付款的账务处理。

向发电企业购电由营销部发起购电结算流程，收取、扫描发票，财务部门审核结算单与发票信息，完成购电成本确认；再由营销部门发起支付申请，财务部门审核通过后生成购电费支付凭证，完成实际款项支付。

【应用案例 2-1】电网企业间购电业务应用

A公司为某电网集团，B电网企业为A公司下设的分公司，C电网企业为A公司下设的子公司。C电网企业根据本辖区用户用电量情况，向B电网企业购电。2018年10月底，B电网企业营销管理部门取得向C电网企业10月份确认的电费结算单后，开具的售电发票（发票金额5 000 000.00元，税金850 000.00元）。10月31日，C电网企业营销管理部门递交售电发票、电费结算单等材料至财务管理部门进行购电业务成本核算，并完成该款项的支付及账务处理。

1. 购电成本确认

10月底，B电网企业营销部门获取本月售电量数据并与C电网企业核对一致后，开具售电发票，B电网企业财务管理部门在协同平台发起购售电业务协同单据，单据经B电网企业审批后，由C电网企业财务管理部门核对电量、电费结算单与增值税发票金额，并补充相应的账务信息，经购售双方各环节审批通过后，自动生成购售双方的会计凭证，并同时生成A公司的合并抵消凭证。具体系统应用如图2-2～图2-4所示。

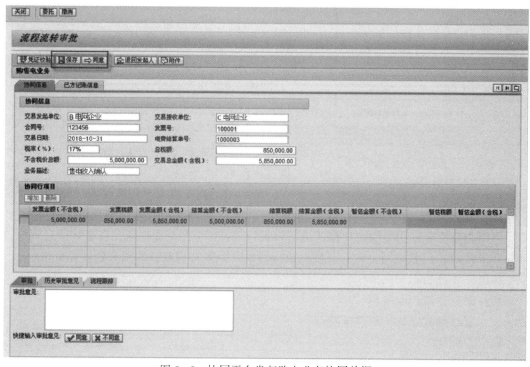

图2-2 协同平台发起购电业务协同单据

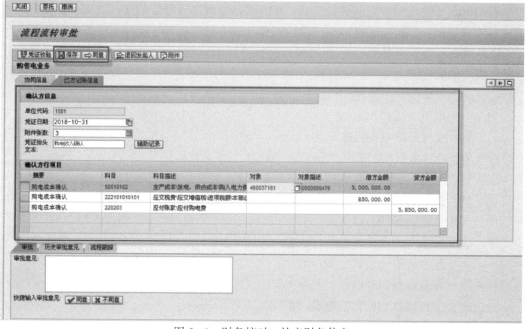

图2-3 财务核对、补充财务信息

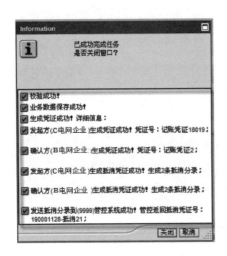

图 2-4　自动生成购售凭证
及抵消凭证

该购电业务三方协同凭证如下：

（1）C电网企业购电成本确认的会计凭证分录为：

借：生产成本－购电成本

应交税费－应交增值税－进项税额

贷：应付账款－应付购电费

（2）B电网企业售电收入确认的会计凭证分录为：

借：应收账款－应收售电收入－电费

应交税费－应交增值税－销项税额

贷：主营业务收入－售电收入

（3）A电网集团公司生成抵消凭证分录为：

借：应收账款－应收售电收入－电费（红字）

贷：应付账款－应付购电费（红字）

借：生产成本－购电成本（红字）

贷：主营业务收入－售电收入（红字）

2. 购电款项支付

电网企业资金采用集团账户模式进行归集管理，C电网企业电费户资金均通过资金自动划转方式归集到B电网企业，并根据银行回单，生成购售双方的资金划转凭证。

售电方凭证为：

借：银行存款－电费户

贷：预收账款－预收电费

购电方凭证为：

借：预付账款－预付购电费

贷：银行存款－电费户

在购售双方完成购售电业务协同后，B电网企业财务管理部门通过协同平台发起预收转应收协同单据，与购电成本确认的系统操作步骤一致。

C电网企业确认并补充购电方账务信息，待协同审批环节完成后，自动生成A、B、C三方协同抵消凭证。

C电网企业购电款项应付预付结转的会计凭证分录为：

借：应付账款－应付购电费

贷：预付账款－预付购电款

B电网企业售电款项应收预收结转的会计凭证分录为：

借：预收账款－预收电费

贷：应收账款－应收账款－应收售电收入

A公司生成抵消凭证分录为：

借：应收账款－应收售电收入－电费（红字）

贷：预收账款－预收电费（红字）

借：预付账款－预付购电款（红字）

贷：应付账款－应付购电费（红字）。

【应用案例2-2】向发电企业购电

某电网企业为满足本辖区电量供应，向外部 A 电厂采购电量。2018 年 2 月，营销管理部门与该电厂签订购电合同，3 月开始进行上网电量采集。4 月 15 日，营销管理部门取得该发电企业 3 月份确认的电费结算单及购电发票（发票金额 10 000 元，税金 1700 元），扫描购电发票并提交发票校验申请，在完成发票校验环节后，在电子报账中发起对该款项的支付申请，并于 4 月 15 日完成该款项的支付。

1. 购电成本确认

3 月底，某电网企业营销部门获取当月购电量数据后，通知 A 电厂开具购电增值税发票，在收到发票后通过发票智能处理系统扫描电费发票，如图 2 - 5 所示。在发票校验环节，财务人员审核发票信息无误后，系统生成电费结算单及购电成本确认凭证，系统应用如图 2 - 6、图 2 - 7 所示。

购电成本确认凭证分录为：

借：生产成本—购电成本—水电

　　应交税费—应交增值税—进项税额

　　贷：应付账款—应付购电费

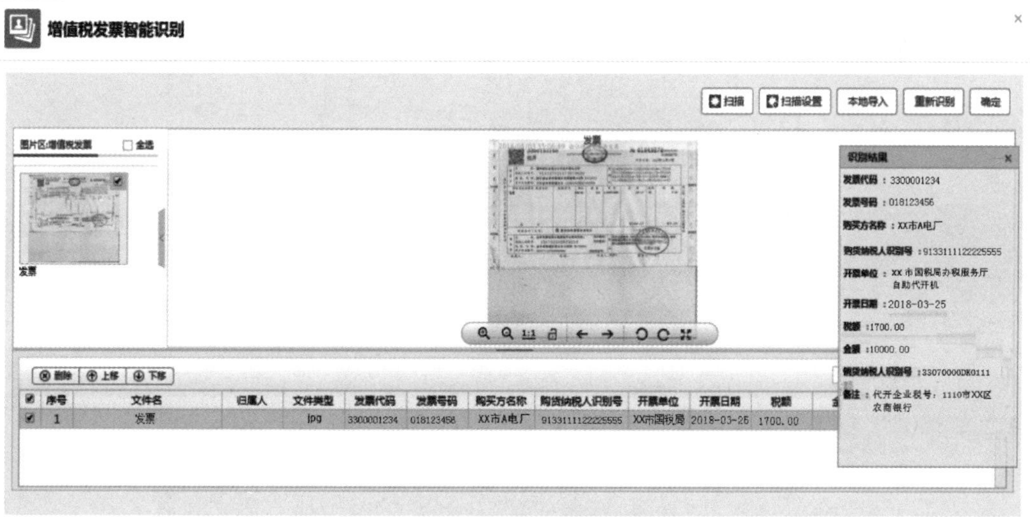

图 2 - 5　增值税发票智能识别

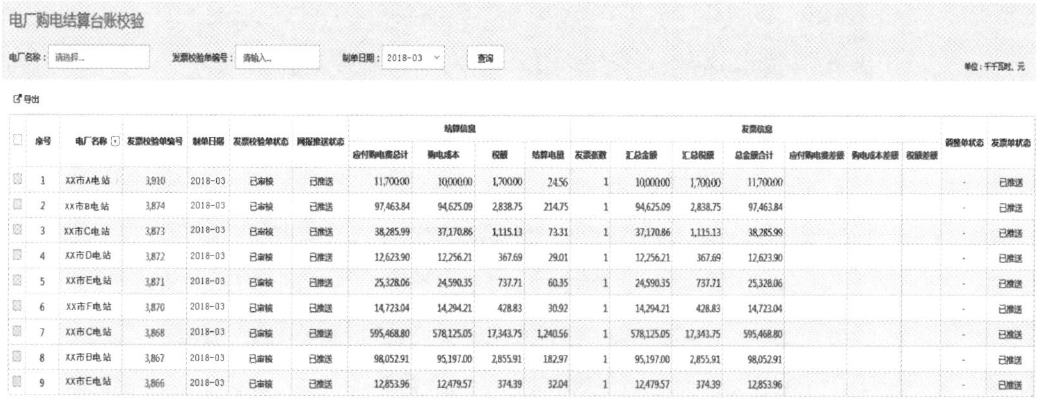

电厂购电结算台账校验

电厂名称：请选择…　发票校验单编号：请输入…　制单日期：2018-03　查询　单位：千千瓦时、元

导出

序号	电厂名称	发票校验单编号	制单日期	发票校验单状态	网报推送状态	结算信息				发票信息							调整单状态	发票单状态
						应付购电费总计	购电成本	税额	结算电量	发票张数	汇总金额	汇总税额	总金额合计	应付购电费差额	购电成本差额	税额差额		
1	XX市A电站	3,910	2018-03	已审核	已推送	11,700.00	10,000.00	1,700.00	24.56	1	10,000.00	1,700.00	11,700.00				-	已推送
2	XX市B电站	3,874	2018-03	已审核	已推送	97,463.84	94,625.09	2,838.75	214.75	1	94,625.09	2,838.75	97,463.84				-	已推送
3	XX市C电站	3,873	2018-03	已审核	已推送	38,285.99	37,170.86	1,115.13	73.31	1	37,170.86	1,115.13	38,285.99				-	已推送
4	XX市D电站	3,872	2018-03	已审核	已推送	12,623.90	12,256.21	367.69	29.01	1	12,256.21	367.69	12,623.90				-	已推送
5	XX市E电站	3,871	2018-03	已审核	已推送	25,328.06	24,590.35	737.71	60.35	1	24,590.35	737.71	25,328.06				-	已推送
6	XX市F电站	3,870	2018-03	已审核	已推送	14,723.04	14,294.21	428.83	30.92	1	14,294.21	428.83	14,723.04				-	已推送
7	XX市C电站	3,868	2018-03	已审核	已推送	595,468.80	578,125.05	17,343.75	1,240.56	1	578,125.05	17,343.75	595,468.80				-	已推送
8	XX市B电站	3,867	2018-03	已审核	已推送	98,052.91	95,197.00	2,855.91	182.97	1	95,197.00	2,855.91	98,052.91				-	已推送
9	XX市E电站	3,866	2018-03	已审核	已推送	12,853.96	12,479.57	374.39	32.04	1	12,479.57	374.39	12,853.96				-	已推送

图 2 - 6　电费结算单

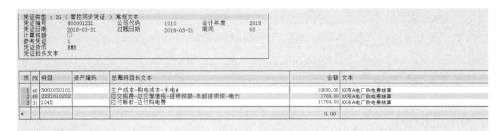

图 2-7　购电成本确认凭证

2. 购电款项支付

营销部门发起资金支付申请，选择发票校验号，系统自动集成电费相关信息，财务管理部门发送支付凭证信息进行实际支付。具体系统应用如图 2-8～图 2-10 所示。

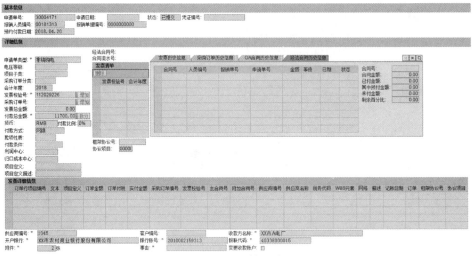

图 2-8　支付申请

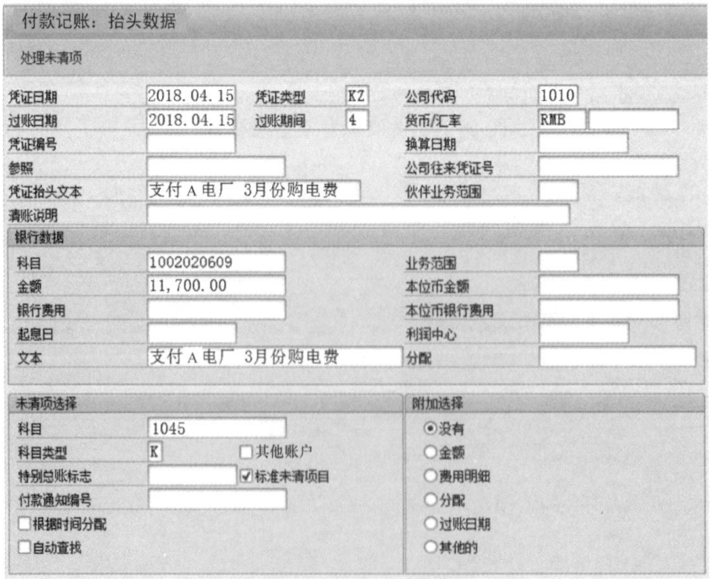

图 2-9　供应商付款

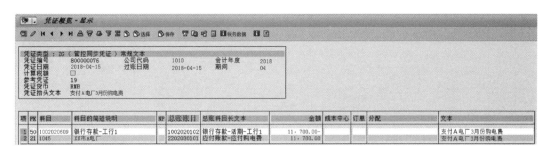

图 2-10　支付凭证

2.2　物资与服务管理

2.2.1　物资与服务管理概述

电网企业物资主要包括企业正常生产经营过程中持有的已备耗用的各种原材料、事故备品、低值易耗品等。服务采购主要指一些非物资采购，如工程方面的设计、施工、监理，生产方面的委托服务、运维修理以及各部门可能发生的一些外包服务等。

物资与服务管理包括物资的计划、采购、合同、质量监督、资金、仓储、应急物资、废旧物资处置、供应商关系、标准化、信息化、档案资料等管理，以及工程、服务的计划与采购管理。本节重点介绍物资与服务业务管理过程中的核算管理。

物资与服务业务管理过程中的核算管理的一般规定：

（1）物资与服务业务应根据业务经办部门提交的业务审批单据、合同（协议）、采购订单、入库单、发票等资料进行账务处理，不得无依据挂账。

（2）电网企业应在当月的资金需求预算内付款，根据合同有关规定及内部资金审批权限和流程，履行支付审批手续。

（3）业务经办部门应加强物资采购和工程项目进度管理，动态跟踪供应商交货和结算情况，及时清理已交货但因结算单据传递不及时而形成的应付暂估款。

2.2.2　电网企业物资与服务管理流程

物资与服务管理流程主要涉及项目管理部门、物资管理部门和财务管理部门，总体流程如图 2-11、图 2-12 所示。

物资与服务管理流程要点及各部门职责如下：

（1）项目管理部门：主要负责将物资需求提报给物资管理部门，及时领用到货物资，根据服务合同创建服务采购订单，跟踪项目进度，收到供应商服务发票后提交发票校验和付款申请。

（2）物资管理部门：主要负责根据招标结果签订采购合同，创建物资采购订单，跟踪物资采购进度，及时进行物资的验收、入库、发货工作，收到供应商物资发票后提交发票校验和付款申请。

（3）财务管理部门：主要负责审核采购订单、入库单、发票、审批单等相关资料，确认无误后进行发票校验、付款等账务处理，根据合同约定及资金计划安排完成付款，并负责往来款的系统清账工作。

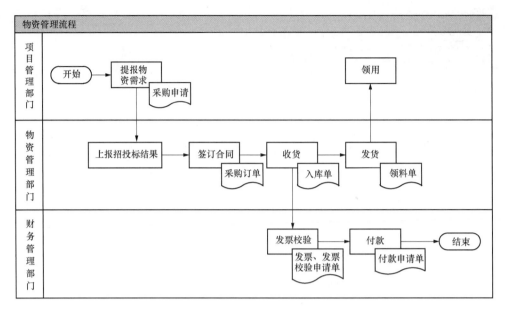

图 2-11 物资管理流程

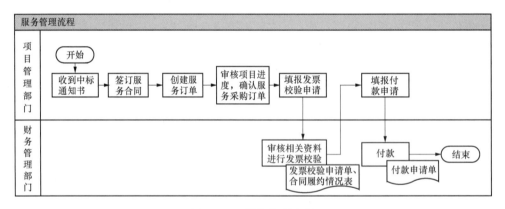

图 2-12 服务管理流程

2.2.3 ERP FICO 在物资与服务管理中的应用

在 ERP 系统中，财务管理贯穿整个业务流程。在采购申请创建时，ERP 系统自动进行预算检查，避免财务发票校验时预算不够、发票被冻结的情况出现。

采购申请、采购订单创建后，基于采购订单进行收货，ERP 系统通过自动记账功能，收货时会同步生成财务凭证。

在收货后进行发票校验，系统自动检查发票、采购订单和收货单的一致性。

对供应商发起付款支付申请，系统自动汇总生成下个月的资金支付计划，对供应商付款进行月度现金流量控制。本小节主要介绍物资与服务业务核算过程中财务凭证集成相关的内容。

【应用案例 2-3】以××供电公司 110kV 基建项目物资采购流程为例，描述财务在整个流程中财务凭证的集成情况。

1. 采购申请、采购订单创建

××单位购买变压器数量 5 台，每台评估价格 1 万元，采购申请总计 5 万元。采购申请、采购订单系统具体应用如图 2-13、图 2-14 所示。

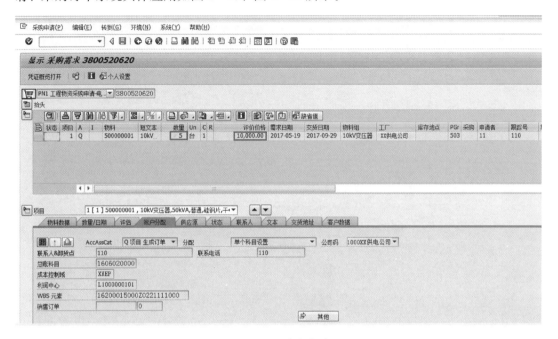

图 2-13　采购申请

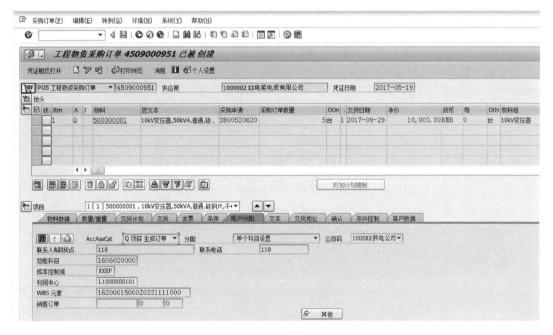

图 2-14　采购订单

17

2. 采购订单收货

收货变压器2台，金额2万元。同时生成物料凭证、财务凭证，具体系统应用如图2-15、图2-16所示。

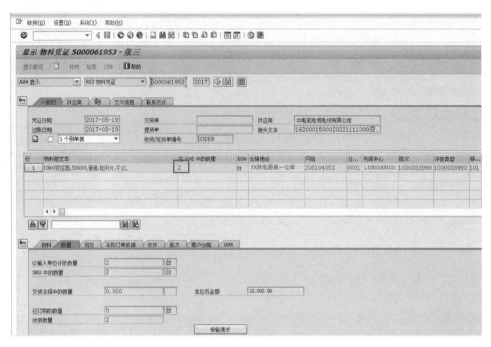

图 2-15　物资收货

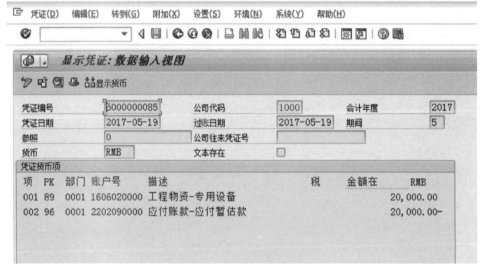

图 2-16　财务凭证

3. 发票校验

收货之后进行发票校验，生成财务凭证。具体系统应用如图2-17、图2-18所示。

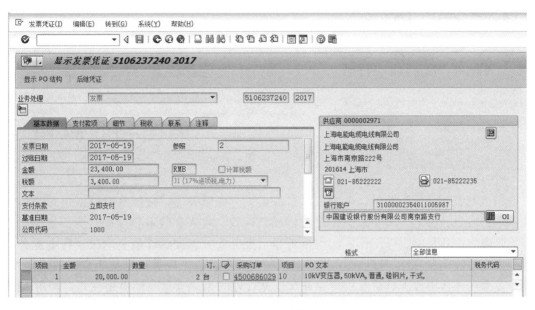

图 2-17 发票凭证

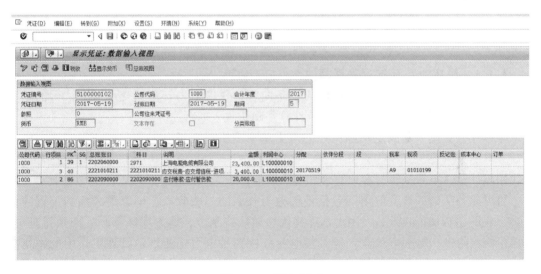

图 2-18 财务凭证

销售与收款管理

销售与收款是指企业销售电力、材料或提供劳务服务等，按照政府价格主管部门规定的电价或收费标准、买卖双方协定价格确认债权、收入和收取款项的行为。售电业务核算是电力企业售电管理工作中的中枢神经，售电业务管理工作质量取决于售电业务核算、电费回收的及时性、准确性，账务处理的清晰度，以及核算统计报表数据的正确性。本章主要阐述售电业务、营业收费业务及核算管理的相关概念及其应用流程，利用 ERP FICO 与营销系统的营财一体化解决方案，实现营销销售收款业务数据与财务数据的高度集成，确保账实一致性。

3.1 售电业务及核算管理

3.1.1 售电业务及核算管理概述

售电业务是指企业按规定通过电力设备向客户供应电力，根据交易双方认可的结算电量以及政府价格主管部门核准的电价计算并确认收入的行为。

售电业务管理就是满足用电用户的电力基本需求，交付电力产品，获得利润。电网企业售电业务主要包括电力产品设计、电力供应、电力营销，其中电力营销包括合同管理、用电计量、电费核算、客户管理和客户服务。

售电业务从财务核算的角度包括销售电力收取的电费收入、国家重大水利工程建设基金、农网还贷加价收入、大中型水库移民后期扶持基金、地方库区移民后期扶持基金、可再生能源附加、差别电价收入等。售电业务核算是电力企业售电管理工作中的中枢神经，售电业务管理工作质量取决于售电业务核算、电费回收的及时性、准确性，账务处理的清晰度，以及核算统计报表数据的正确性。

3.1.2 电网企业售电业务及核算管理流程

电网企业售电业务及核算管理流程主要涉及营销管理部门、银行和财务管理部门，总体流程如图 3-1 所示。

售电业务管理流程要点及各部门职责如下：

（1）营销管理部门：负责抄表、计费、复核、处理电费差错、收取电费违约金以及一次销账，并出具相关电价报表；传递应收电费分类汇总信息，提交《应收电费分类汇总信息》，经相关领导审核签字/盖章后提交至财务管理部门，开具电费销售业务发票；营业厅业务员坐收电费（或金融机构代收等）并解款，进行解款核定。

（2）银行：负责资金入账，提交资金对账单给财务管理部门。

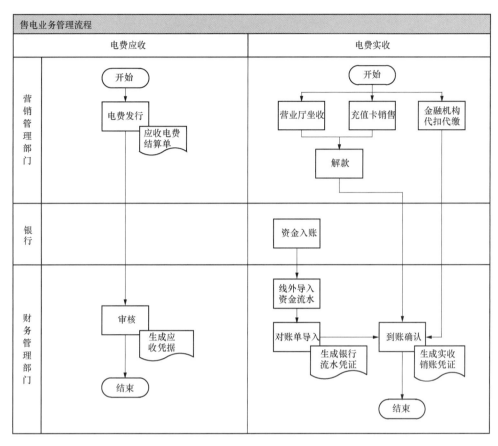

图 3-1　售电业务管理流程

（3）财务管理部门：负责对营销提供的电量、电价数据进行审核，确保国家电价政策执行到位、售电业务会计核算准确、二次销账信息和银行收款信息一致，接收到《应收电费分类汇总信息》后，审核资料电价类别与金额一致后，进行账务处理，同时完成价税分离。根据银行流水进行对账单录入，生成银行流水凭证，并根据解款核定的结果进行到账确认，生成实收销账凭证。

3.1.3　ERP FICO 在售电业务及核算管理中的应用

电网企业在 ERP FICO 中进行售电业务及核算管理，通过统一营销售电业务的业务类别（如电费发行-终端售电、实收销账、银行到账等）、营销与财务基础数据（如单位编码、客户编码、科目体系）的对应关系、业务类别与财务核算规则的对应关系，明确每个业务类型的记账规则（如借贷方科目、摘要格式、字段必输性等），明确营销数据汇总成财务凭证的细度和维度，提供各类营财账务核对表，实现电价电费的全过程管理。

【应用案例 3-1】售电业务核算

2017 年 8 月，某电网企业，营销管理部门将前一日所有营销业务凭证按营销业务类型进行汇总，并生成待处理业务。财务管理部门将前一日银行资金流水录入到营销系统并进行到账确认，汇总生成银行到账凭证及电费实收凭证。

1. 应收核算

营销部门在系统中生成应收电费数据，财务部门依据营销提供的数据，生成收入确认凭证，审核后发送至 ERP 系统，具体系统应用如图 3-2、图 3-3 所示。

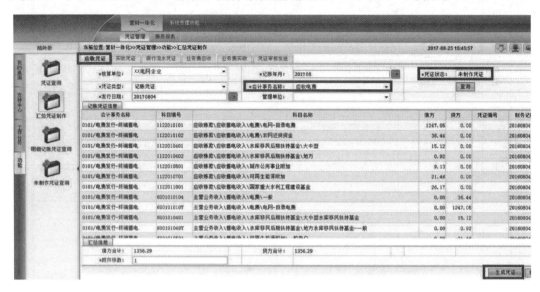

图 3-2　收入确认凭证

图 3-3　凭证审核、凭证传递

2. 银行交易明细导入

财务部门将银行交易明细导入系统中，并确认资金类别，具体系统应用如图 3-4、图 3-5 所示。

3. 财务二次销账

财务人员对入账金额、付款单位等信息进行一一匹配，执行二次销账，系统应用如图 3-6 所示。

4. 实收核算

生成实收凭证，并审核发送至 ERP 系统。具体系统应用如图 3-7、图 3-8 所示。

图 3-4 对账单录入

图 3-5 对账单确认

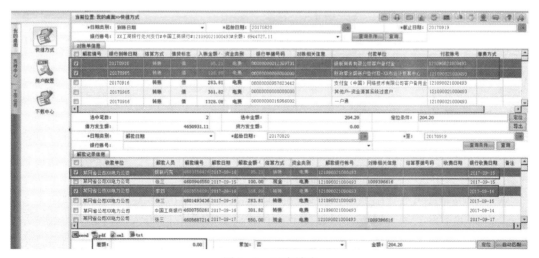

图 3-6 二次销账

图 3-7　确认实收电费

图 3-8　审核并发送凭证

3.2　营业收费管理

3.2.1　营业收费管理概述

营业收费是指电网企业为保障电力系统安全、稳定运行和电力供应质量，除正常电能生产以外所提供的高可靠性供电等营业服务所收取的费用。电网企业按照政府价格主管部门文件规定的收费项目和收费标准执行。

其中高可靠性供电费用（电网企业向申请新装及增加用电容量的两回路及以上多回路供电用户收取的费用）属于在报装环节向用户一次性收取的初装费。申请验表费是指用电客户认为供电企业装设的电能计量装置不准确，向电网企业提出校验申请时交纳的费用，检验后，如果计量装置的误差超出允许范围，电网企业应将所收取的费用全额退还用电客户。

3.2.2 电网企业营业收费管理流程

电网企业营业收费管理流程主要涉及财务管理部门和营销管理部门，总体流程如图 3-9 所示。

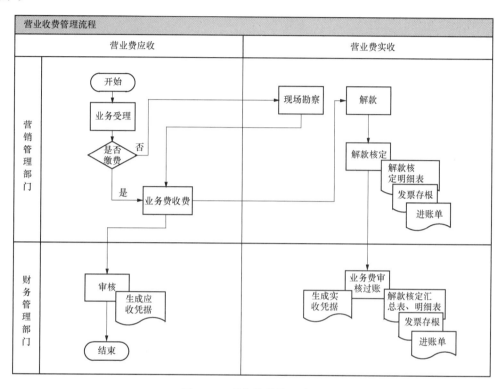

图 3-9 营业收费管理流程

营业收费管理流程要点及各部门职责如下：

（1）营销管理部门：负责按照国家或省级价格主管部门批准的征收标准准确计算并收取各项收入。负责业务受理、确定费用、业务费坐收、解款、解款核定 5 个环节。每日编制营业费用的日结日清报表，按部门汇总、核对后及时上缴财务；负责各类票据的领用、使用、上缴工作，将已使用票据的存根联和作废票据装订成册，并按月编制票据使用清单。

（2）财务管理部门：负责业务费收费记账审核和凭证生成环节，负责核对营销部门每日上报的营业费用日结日清报表，确认无误后完成核定工作并产生凭证；负责各类票据的申购、保管、发放、缴销工作；负责营业费用的资金账户管理。

3.2.3 ERP FICO 在营业收费管理中的应用

电网企业通过 ERP FICO 进行营业收费管理，对所有费用项目进行应收凭证和实收凭证核算。营业收费在 ERP FICO 功能包含业务受理、确定费用、业务费坐收、解款及核定、业务费记账审核、应收记账、实收记账等。除了业务受理、确定费用两部分，其余营业收费的系统实现方式与售电业务基本类似。下面以申请验表业务进行案例介绍。

【应用案例 3-2】2017 年 5 月 9 日，客户王某怀疑自家表计不准，向某电网企业营业厅提出校验申请，营业厅客服张某受理此项业务，确认该项目费用为 10 元。王某在柜台以现金方式缴纳后，张某打印相关单据交于王某。同时张某及时将收取款项进行解款，李某为解款审核员，对该解款记录进行审核，财务管理部门人员林某负责相关账务处理。

1. 业务受理

营业员张某在进行业务受理时，填写基本信息如业务类别、用户名称、用电地址、收费项目名称等。具体系统应用如图 3-10 所示。

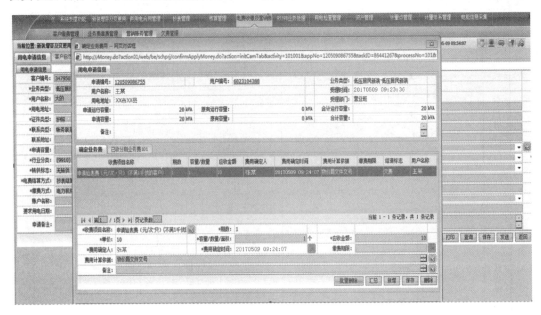

图 3-10　业务受理

2. 确定费用

业务受理后，根据实际情况维护正确的收费项目、数量信息，系统根据收费项目自动带出单价，并根据单价和数量，计算出应收金额。具体系统应用如图 3-11 所示。

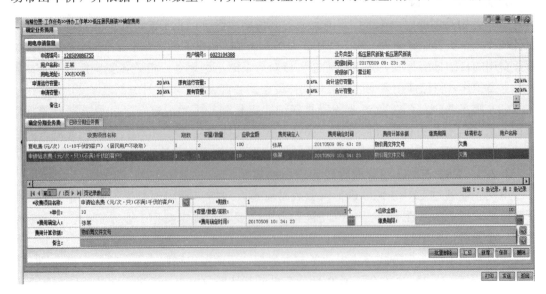

图 3-11　确定收费

3. 业务费坐收

张某在收取业务费用后，打印相应的业务费发票给用户，并登记该笔业务费对应的业务费发票号码。具体系统应用如图 3-12 所示。

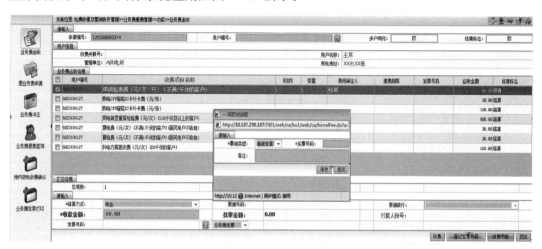

图 3-12　业务费坐收

4. 解款

收费人员张某在每日收费结束后，须清点当日收费金额，核对当日收费记录与实际收费票据金额一致后，将收费款及时存至业务费相应的账户中，进行解款，核对解款记录的收费金额与实际解缴到银行的金额一致，将打印出的解款单、解款单明细连同发票、对账单等业务单据交与核定人员李某。

李某根据解款单和银行进账单核对银行和金额，解款核定无误后，将解款核定报表、解款单、发票一起交给财务人员，林某核对解款记录，确定该笔记录金额解款银行与银行回单等纸质数据一致后，进行业务费记账审核。具体系统应用如图 3-13～图 3-16 所示。

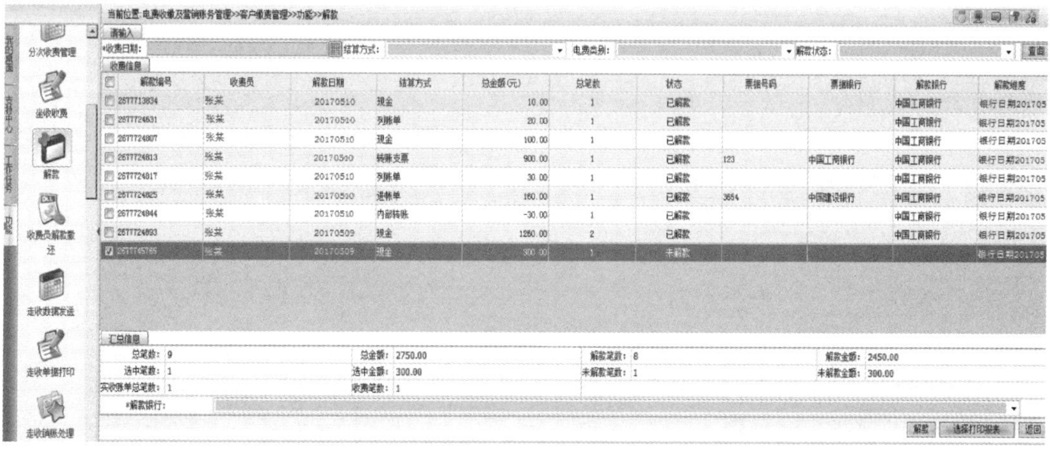

图 3-13　解款

×××业务费解款明细单

解款人员：李某　　解款日期：20170510　合计金额：1250　　　附件：　　　　张数：

解款账号：(业务费专用)*****东南北拱滨局12020210199000*****

解款批号		支付方式		解款金额			
2832405624		现金		500.00			
户号	户名	收款金额	费用名称		操作类别	收费日期	发票号码
60221*****	××有限公司	500.00	受电装置重复检验费（元/次）（35千伏的客户）		收取业务费	20170510	

解款批号		支付方式		解款金额			
2832395298		现金		500.00			
户号	户名	收款金额	费用名称		操作类别	收费日期	发票号码
60231*****	王某	10.00	申请验表费(元/次·只)(不满1千伏的客户)		收取业务费	20170510	

解款批号		支付方式		解款金额			
2832405659		现金		250.00			
户号	户名	收款金额	费用名称		操作类别	收费日期	发票号码
60221*****	××有限公司	250.00	退电费保证金3		收取业务费	20170510	

图3-14　解款单

图3-15　解款核定

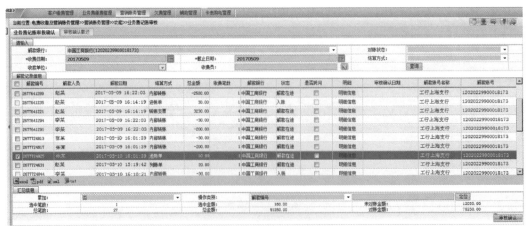

图3-16　业务费记账审核

5. 业务费应收凭证

应收凭证产生的范围包括收费日期收取的所有高可靠性收入、现场管理终端费。业务费应收凭证通过生成、发送等功能自动生成应收凭证，该功能与售电业务类似。具体系统应用如图 3-17、图 3-18 所示。

图 3-17　业务费应收凭证

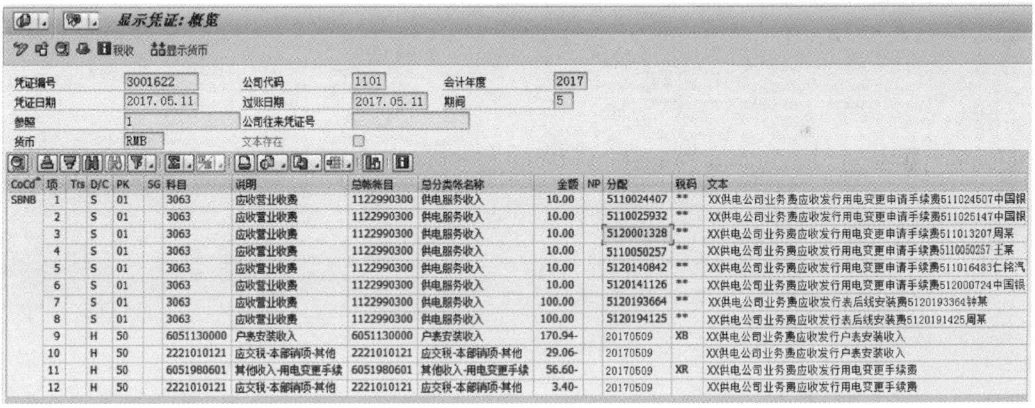

图 3-18　财务凭证

6. 业务费实收凭证

财务人员在业务费实收凭证界面可生成当天的实收凭证，按解款记录条目，产生实收凭证。具体系统应用如图 3-19、图 3-20 所示。

图 3-19 业务费实收凭证

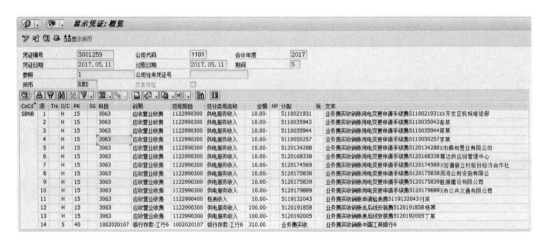

图 3-20 财务凭证

4

筹资管理

筹资等同于资金筹集，是指企业通过各种方式和法定程序，从不同的资金渠道，筹措所需资金的全过程。根据筹资的来源和方式，可分为两种：一种是接受投资者投入的资金，即企业的资本金；另一种是向债权人借入的资金，即企业的负债。企业能否获得稳定的资金来源、及时足额筹集到生产所需要的资金，对经营和发展都是至关重要的。

4.1 银行借款管理

4.1.1 银行借款管理概述

银行借款或称银行贷款，是指银行或其他金融机构按一定利率和必须归还等条件出借货币资金的一种信用活动形式，包括贷款、贴现、透支等。

电网企业银行借款是指为满足购建固定资产和流动资金周转需要，向银行或其他非银行金融机构借入的、需要还本付息的款项，包括偿还期限超过1年的长期借款和不足1年的短期借款。

电网企业银行借款业务采用统一管理、分级审批的管理模式。各单位根据月度现金流量预算按月编制融资计划，提出融资规模、融资渠道、期限结构等需求，报上级单位审批。上级单位按照"先内后外、先低后高"原则，综合平衡，批复下达月度融资计划并组织实施。

4.1.2 电网企业银行借款管理流程

银行借款管理流程主要分为融资借款流程、融资利息计提结息流程和融资还本付息流程。主要涉及各单位的财务部门。总体的流程如图4-1所示。

银行借款管理流程要点及各岗位职责如下：

（1）融资管理岗：负责根据月度现金流量预算编制月度融资计划，并按照融资计划准备融资资料，拟定合同条款；根据合同条款提出提款申请；按借款融资的付息时间，计算应付利息，并在收到银行利息扣款回单后，发起付款申请。

（2）资金主管：负责检查合同附件是否完备、合同条款是否合理等事项；审核合同提款申请单，通知银行放款，获取银行回单后通知总账会计进行账务处理。

（3）总账会计：审核本金到账情况，确认并生成会计凭证；月末根据合同条款预提利息，生成会计凭证；审核本金/利息支付信息，生成会计凭证。

4.1.3 ERP FICO在银行借款管理中的应用

电网企业通过ERP FICO进行银行借款业务管理，包含合同管理、到还款管理及合同展期、置换、续借等，具体业务如下：

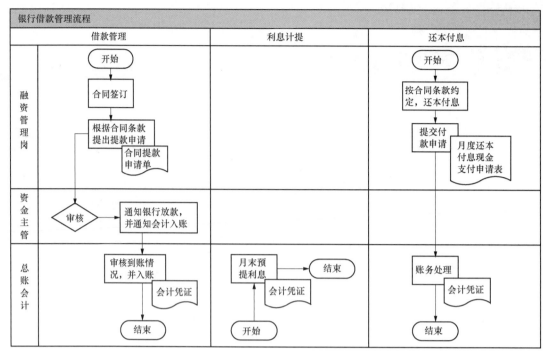

图4-1　银行借款管理流程

（1）合同管理：管理借款合同台账的新增、变更，满足不同借款类型的合同管理，如短期借款合同、中长期借款合同、外币借款合同、循环借款合同管理。

（2）到还款管理：能满足多种融资方式的借款，如银行借款、委托借款和信托借款。维护还款计划表、利率调整表、利息费用化表、实际还款表等。

（3）合同展期、置换、续借：对原合同履行期限等的变更管理。

由于不同借款类型合同管理相似，下面以一个短期借款的案例介绍电网企业银行借款的应用情况。

【应用案例4-1】短期借款合同管理应用

2015年11月，××电网企业计划购置一批生产设备，涉及资金500万元，财务管理部门根据近期资金支付计划，获悉资金缺口100万元，提出融资申请，经审批后向A银行借款100万元，周期6个月，并于2015年12月1日与A银行签订借款合同。合同约定按等额本息方式，年利率为6％，本息按月支付，结息日为每月27日，经计算每月应还本息169 595.46元（其中本金166 666.66元，利息为2928.8元）。A银行于2015年12月13日放款100万元。2016年6月10日，合同将要到期，出于资金需求，与A银行协商，同意将原合同进行续借处理，金额100万元。具体系统应用如下。

1. 短期借款合同登记

财务管理部门与A银行签订借款合同后，在系统中维护合同信息。具体系统应用如图4-2所示。

2. 到还款管理

财务管理部门获知A银行放款信息，获取相关原始单据后，在系统中维护银行实际到款日期及金额，形成会计凭证。同时将根据实际到款金额、合同起止日期、年利率、

图 4-2 短期借款合同登记

结息周期、结息日等参数自动创建还款计划。按月计提利息费用，发起利息支付申请，形成计提及支付凭证。具体系统应用如图 4-3～图 4-9 所示。

图 4-3 到还款管理

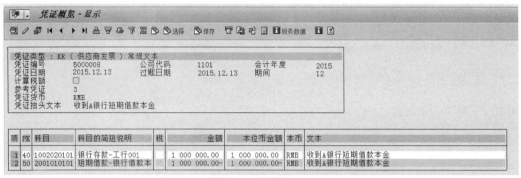

图 4-4 会计凭证

图 4-5 还款计划

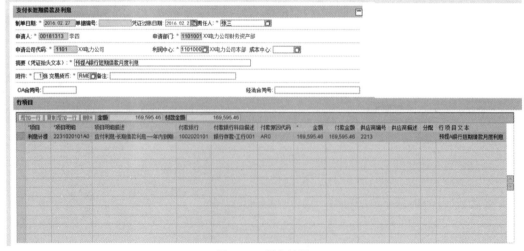

图 4-6 利息计提

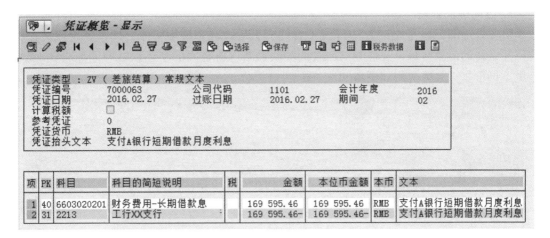

图 4 - 7　计提凭证

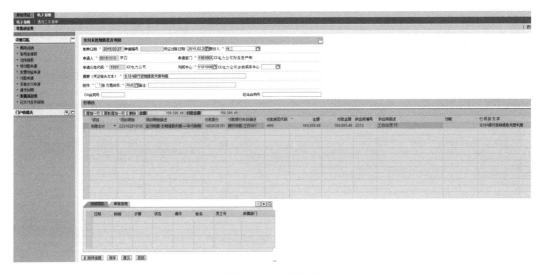

图 4 - 8　支付利息

图 4 - 9　支付凭证

3. 合同续借处理

财务管理部门在完成与A银行线下合同变更后，在系统中将原短期借款合同台账终止，开立新的借款台账，并建立与原合同关联关系。新合同的到还款处理同原合同一致，这里不再重复。具体应用如图4-10、图4-11所示。

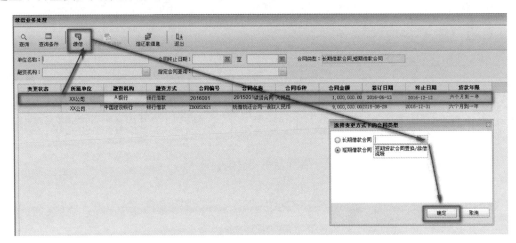

图 4-10 合同续借

图 4-11 贷款合同置换

4.2 融资性租赁管理

4.2.1 融资性租赁管理概述

融资性租赁是指租赁的当事人约定，由出租人根据承租人的决定，向承租人选出的第三者（供货人）购买承租人选定的设备，以承租人支付租金为条件，将该物件的使用权转让给承租人，并在一个不间断的长期租赁期间内，通过收取租金的方式，收回全部或大部分投资，租赁期满，出租人和承租人履行全部责任及义务后，根据事先融资租赁合同，对租赁物所有权的归属进行划分或商议解决。按融资方式可以分为简单融资租赁、回租融资租赁、杠杆融资租赁、委托融资回租、项目融资租赁、经营性租赁等。通常采用融资租赁方式承租设备时，都采用 3～8 年的中长期融资的模式，相比采用银行贷款，可以很好地改善流动比率、速动比率等短期偿债能力指标。

电网企业融资性租赁，是指企业为生产经营需要添置设备时，不直接向金融机构直接申请贷款来购入，而是委托租赁公司根据企业的要求和选择代为购入所需的设备，然后企业以租赁的方式从租赁公司租赁设备，从而使企业达到融通资金的目的。电网企业融资租赁管理包括融资型售后回租业务和直接融资业务。两者差异为资产原所有权是承租人还是租赁人，相关的工作包括融资租赁合同的签订、资产的转让及租回的过程。

4.2.2 电网企业融资性租赁管理流程

融资性租赁管理流程主要涉及财务管理部门各岗位，如融资管理岗、资产管理岗、资产会计。总体的流程如图 4 - 12 所示。

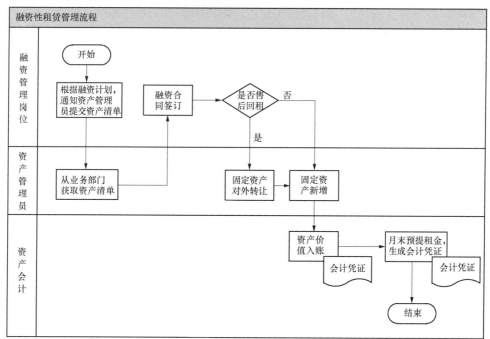

图 4 - 12　融资性租赁管理流程

融资性租赁管理流程要点及各岗位职责如下：

（1）融资管理岗：根据融资计划，通知资产管理人员提交资产清单，准备融资资料，根据下达的融资计划及前期准备的资产清单完成招投标，确认中标商，签订合同，按合同约定发起租金支付申请。

（2）资产管理岗：从业务部门获取资产清单，根据融赁方式的不同，提交相应的资产清单。若售后回租，进入资产对外转让流程，并创建融资租赁固定资产新增流程；若不进行售后回租，则进入固定资产新增流程。

（3）资产会计：进行固定资产对外转让或新增账务处理，并按合同约定进行租金支付的账务处理。

4.2.3 ERP FICO 在融资性租赁管理中的应用

电网企业通过 ERP FICO 进行融资性租赁管理，包含融资租赁合同管理、到还款管理、租金计划管理等，具体如下：

（1）融资租赁合同管理：出租人根据承租人对出卖人租赁物的选择，向出卖人购买租赁物，提供给承租人使用，承租人支付租金的合同管理。

（2）到还款管理：管理融资租赁合同款项到款和还款的记录。

（3）租金计划管理：包含合同层和到款层两个层次。合同层显示合同的租金计划表；到款层显示到款的租金计划表。保存到款租金计划后，如果该租赁合同累计到款金额等于合同金额，则能自动更新合同租金计划。下面以一个案例介绍电网企业融资租赁管理的应用情况。

【应用案例 4-2】融资租赁管理应用

2018 年 6 月 27 日，××电网企业为项目建设，向租赁公司 A 融资租入设备 1 台（租金总额 1089 万元），租赁周期为 5 年。合同约定按年支付租金，支付日期为年度的 6 月 27 日，每年支付的租金 218 万。年利率为 4.75%，固定资产无残值。××电网企业实物管理部门已经完成设备验收工作，创建设备台账并联动生成资产卡片，经资产管理部门计算资产价值为 802 万元，并通过固定资产新增工作流发起资产入账。同时，为了简便，不考虑租赁相关手续费。

1. 录入融资租赁合同

融资管理员依据租赁合同条款，在系统中维护租赁合同信息。具体系统应用如图 4-13 所示。

2. 到还款处理

资产管理员完成资产接收手续后，通知融资管理员在系统中创建融资到款登记单，设备管理部门完成设备台账创建后，联动产生固定资产卡片，并发起"资产增加-融资租入"类型的固定资产其他新增工作流，经相关领导审批后，自动生成会计凭证。具体系统应用如图 4-14、图 4-15 所示。

3. 租金计划管理及还款处理

在租赁合同台账创建后，系统自动生成租金支付计划，默认支付状态为未支付。2019 年 6 月 27 日，财务管理部门按照租金支付计划，再发起租金支付申请，经审批后，进行租金支付，并生成财务凭证。具体系统应用如图 4-16~图 4-19 所示。

融资租赁合同登记

| 项根单位 | XX 电网企业 | 单据编号 | | 制单日期 | 2019-03-13 |
| 摘要 | | | | | |

合同对象	SGIL386.2018.003- XX -01	合同名称	SGIL386.2018.003- XX -01	合同编号	SGIL386.2018.003- XX -01
币种	人民币	租赁方式	直接融资租赁	合同金额	8018212.46
融资方式	融资租赁	租赁期限	60	融资到款账号	中国工商银行股份有限公司
利率计算依据	浮动利率	承租人	XX 电网企业	出租人	XX 租赁有限公司
首期支付日	2019-06-27	租金支付日	27	首付款	0.00
合同签订利率	4.7500%	支付方式	主动付款	利率版本	基准利率
租金间隔期	1年	融资期限分类	三到五年（含）	租赁起租日	2018-06-27
终止日期	2023-06-27	还款期数	5	标的物	
计息基数	360天	利率含税(%)	含税	计息法	积数法
租金支付方式	等额租金后付	担保性质	信用借款	融资用途	项目建设
计税依据	利息	税率(%)	16.00%	实际终止日期	
境内外融资	境内	内外部融资	XX 集团内	融资来源	
最贵租金总额	10893510.00	合同编号（经法）	******************	出租单位	XX 租赁有限公司

图 4 - 13　融资租赁合同登记

融资到款登记单

| 项根单位 | XX 电网企业 | 制单日期 | 2018-07-02 | 单据编号 | 3017 |
| 摘要 | | | | | |

到账明细　还款计划

	合同名称	合同编号	合同金额（原币）	到款金额（原币）	汇率	到款金额（本币币）	到款开始日期	到款终止日期	期限档次	最贵租金总额
1	SGIL386.2018.00 -融资租赁合同-X -XX	SGIL386.2018.00 X - XX	8018212.46	8018212.46	1.000000	8018212.46	2018-06-27	2023-06-27	三到五年（含）	10893510.00
					总金额					

融资专责: 陈 XX

图 4 - 14　融资到款登记单

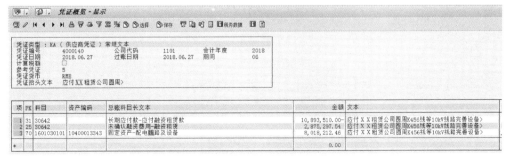

图 4 - 15　会计凭证

图 4-16 租金计划管理

图 4-17 租金支付申请

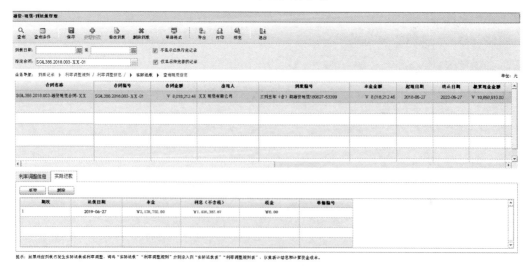

图 4-18 到还款管理

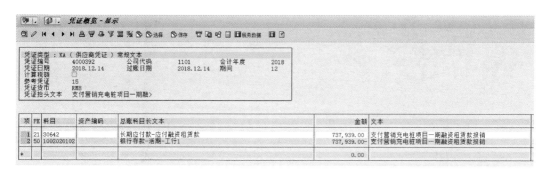

图 4-19 会计凭证

5

固定资产管理

固定资产是指各单位为生产商品、提供劳务、出租或经营管理而持有的、使用寿命超过一个会计年度的有形资产。固定资产的分类和具体范围按固定资产目录执行。

在电网企业资金存量结构中，大部分资金以固定资产形态存在。电网企业固定资产具有金额大、品种多、涉及范围广、变动频繁等特点，给企业管理增加了不少难度，因而做好固定资产管理是企业管理的一项重要内容，固定资产管理水平是电网企业管理水平的重要体现。固定资产管理的目标是资产财务管理与资产实物管理统一和联动，账、卡、物动态一致；资产安全完整，资产的效能和效用最优；资产配置科学合理，集团整体效益最大化。为强化固定资产账、卡、物的一致性，要求固定资产新增、技改、调拨、拆分、报废等变动均关联实物。为切实做好账、卡、物有效联动，电网企业对固定资产实行归口分级管理，建立科学有效的固定资产管理体系，做好固定资产管理的各项基础工作，遵守固定资产增减变动的管理流程，做到程序化、规范化。

5.1 固定资产新增管理

5.1.1 固定资产新增管理概述

固定资产新增管理是指对通过投资活动形成的新的固定资产价值进行管理，完成固定资产新增确认，实现固定资产资本化的过程。固定资产取得的主要方式有企业外购固定资产、自行建造固定资产、无偿调入固定资产、接收用户资产、融资租入固定资产、非货币性交换取得的固定资产、盘盈取得的固定资产、捐赠取得的固定资产。

电网企业的固定资产新增，按照资产取得方式主要划分为零星购置、项目转资、其他新增 3 种。

1. 零星购置

零星购置包括购置需安装的固定资产和无需安装可直接使用的固定资产。财务管理部门根据物资管理部门提交的采购订单、发票和入库单，在系统中进行资产价值新增确认，实现固定资产的资本化。

2. 项目转资

项目转资是电网企业资产的最主要来源。即在项目投产或达到可使用状态后，工程管理部门提交工程竣工验收报告等相关资料，由财务管理部门在项目转资环节，将项目成本通过在建工程转入固定资产中，完成固定资产新增确认，实现固定资产的资本化。

3. 其他新增

其他新增包括接受捐赠、债务重组、投资转入、融资租入和非货币性资产交易所得等，财务管理部门根据实物管理部门提供的相关合同、协议及资产清单等相关资料，进行资产价值新增确认，实现固定资产的资本化。

5.1.2 电网企业固定资产新增管理流程

电网企业固定资产新增管理流程主要包含零星购置、项目转资和其他新增 3 类新增流程，项目转资在 6.2 中讲解，零星购置、其他新增流程，具体涉及实物管理部门、物资管理部门、财务管理部门。

1. 零星购置流程

零星购置流程主要涉及实物管理部门、物资管理部门、财务管理部门，总体流程如图 5 - 1 所示。

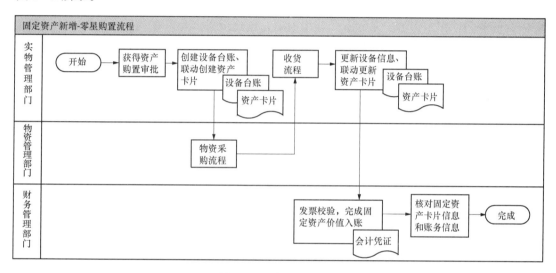

图 5 - 1 零星购置流程

零星购置流程要点及各部门职责如下：

（1）实物管理部门：负责根据年度投资计划提出购置资产申请，审批后创建设备卡片，联动产生固定资产卡片，负责实物收货，并根据实际情况更新设备信息，联动更新固定资产卡片。

（2）物资管理部门：负责物资需求的收集、组织招投标、合同签订、跟踪物资的制造、运输进度，组织相关部门进行验收、入库，向财务管理部门提交采购订单、入库单和发票等。

（3）财务管理部门：负责补充维护设备联动过来的资产卡片信息，对物资管理部门提交的采购订单、入库单和发票进行三单的一致性校验，并确认资产价值与应付账款，生成会计凭证，完成固定资产价值入账。

2. 其他新增流程

其他新增流程主要涉及实物管理部门、财务管理部门，总体流程如图 5 - 2 所示。

其他新增流程要点及各部门职责如下：

（1）实物管理部门：负责根据相关单据验收实物资产，提交协议/合同等相关材料至

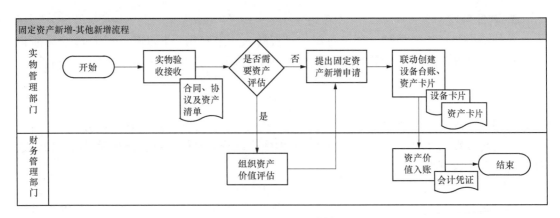

图 5-2 其他新增流程

财务管理部门，在工作流中发起资产新增申请，创建设备卡片并联动生成资产卡片。

（2）财务管理部门：负责组织资产评估并提交评估报告，补充维护设备联动过来的资产卡片信息，审核合同/协议、发票、设备验收单等相关资料，审核固定资产卡片信息与会计凭证，并完成固定资产价值入账。

5.1.3 ERP FICO 在固定资产新增管理中的应用

电网企业通过 ERP FICO 的固定资产零星购置项目，实现对零星购置的固定资产管理。零星购置申请需依据年度投资计划；资产购置需通过物资采购流程，不允许直接报销入账；固定资产卡片创建需通过设备资产联动生成；零星购置的资产不做库存管理，到货后通过发票校验完成资产的价值入账。

通过采用工作流的管理模式，实现其他新增的固定资产管理，并分别按照不同业务的内控管理要求，设计不同的审批路径，确保资产账、卡、物一致。

【应用案例 5-1】电网企业零星购置应用

2017 年 4 月 7 日，××公司依据年度投资计划申请购置车辆 1 台，上级部门批准后，实物管理部门创建设备台账，联动产生资产卡片。物资管理部门通过集中采购，确定了尼桑品牌，裸车款为 150 000 元，并在 ERP 系统中创建采购申请、采购订单。2017 年 5 月 25 日，车辆供货，物资管理部门完成验收入库，递交购车发票、验收单、采购订单信息至财务管理部门进行账务处理。2017 年 5 月 26 日，实物管理部门将车辆购置税（金额 12 820 元）等相关材料递交至财务管理部门进行账务处理。

1. 发票校验

财务管理部门依据物资部门提交的资料进行发票校验，系统自动生成会计凭证，同时基于 ERP FICO 的资产模块与总账模块的集成功能，自动完成资产卡片的资本化入账。具体系统应用如图 5-3、图 5-4 所示。

2. 车辆购置税入账

实物管理部门负责办理车辆购置税手续，财务管理部门对车辆购置税进行账务处理，记录所购置车辆对应的资产编码、付款的银行科目、金额等信息，系统自动更新车辆购置税额至资产卡片。具体系统应用如图 5-5、图 5-6 所示。

图 5-3 发票校验

图 5-4 发票校验生成的会计凭证

图 5-5 资产汽车购置税入账凭证

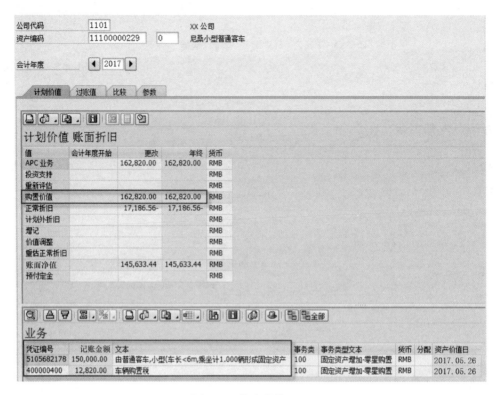

图 5-6　资产价值显示

【应用案例5-2】固定资产其他新增流程应用

2016年12月13日，××公司接受外部某计算机公司无偿捐赠笔记本电脑1台，经评估该资产市值为8000元。××公司通过内部资源统筹调配，决定将该笔记本电脑分配给A部门的张三使用，实物管理部门获取相关手续资料后，递交至财务管理部门进行账务处理。

1. 发起新增申请

实物管理部门创建固定资产新增工作流，选择资产增加方式（业务类型），并维护设备编码，系统自动带出资产卡片信息，确认无误后提交工作流。具体系统应用如图5-7、图5-8所示。

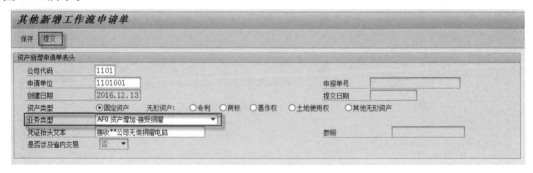

图 5-7　其他新增工作流创建申请单

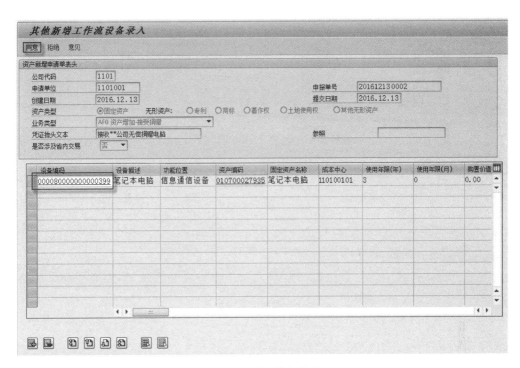

图 5-8　录入设备信息

2. 资产价值入账

经实物管理部门审核通过后，财务管理部门根据实际评估价值，输入资产价值 8000 元，录入凭证信息，确认无误后生成会计凭证。具体系统应用如图 5-9～图 5-11 所示。

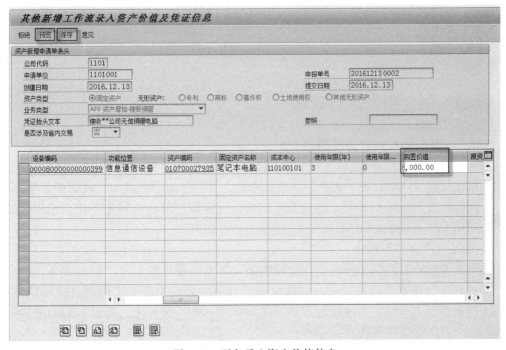

图 5-9　财务录入资产价值信息

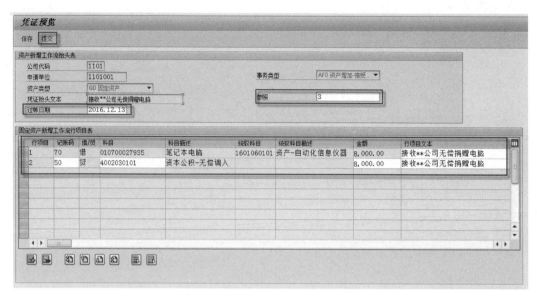

图 5-10　财务录入凭证信息

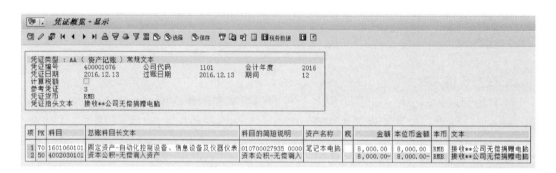

图 5-11　捐赠业务凭证

5.2　固定资产运行管理

5.2.1　固定资产运行管理概述

固定资产运行管理是指固定资产在使用过程中发生的业务处理。电网企业固定资产运行期间主要包含折旧计提、大修、技改、调拨、合并与拆分、盘点、减值准备等业务。本小节对固定资产合并与拆分、固定资产调拨、固定资产技改三种常态化、流程化的业务进行讲解。

1. 固定资产合并与拆分

电网企业固定资产为了满足生产管理需要，通常会发生固定资产合并业务和拆分业务。相比而言合并业务相对较少，而拆分业务较为频繁，主要为工程项目暂估结算时，因资产清册信息不完整，未能及时完成资产资本化入账，账务上为满足折旧的准确计提要求，会先将工程成本暂估到大类资产卡片中，后续正式竣工决算时将大类卡片拆分到明细卡片中。

2. 固定资产调拨

在电网企业中，固定资产调拨分为跨公司代码调拨及跨利润中心调拨。为了避免调入和调出单位之间业务处理不同步及账务处理不一致，系统根据实际业务情况，分别定义各类调拨流程的审批环节以及各环节对应的责任人。资产调拨业务模式基本一致，会计核算上有所区别。

3. 固定资产技改

固定资产技改是资产运行期间重要业务之一，技改工程通常包括重大技术措施工程、一般技术措施工程等。按照改造对象划分，技改项目主要分3种类型，如表5-1所示。

表5-1 技改项目说明

序号	按照改造对象划分	资产处置方式	技改资产核算规范
1	资产新增类技改项目	不涉及旧资产拆除	按在建工程核算，工程完工结转次产
2	资产替换类技改项目	对原资产进行整体替换	1. 新增资产作为新资产核算，不需重估资产使用年限。 2. 旧资产进行再利用或报废处置
3	资产部分改造类技改项目	对同一资产的某一组成部分进行升级或替换	1. 停运时间在一个月以内，不需将资产原值转入在建工程，技改完工后直接将新增价值转入原卡片上。 2. 停运时间超过一个月，按会计核算办法，需将旧资产净值转入在建工程核算，完工后将旧资产净值与技改新增价值一同转回固定资产。 3. 对资产使用年限进行重估

5.2.2 电网企业固定资产运行管理流程

电网企业固定资产运行管理流程主要包含固定资产合并与拆分管理流程、固定资产调拨管理流程和固定资产技改管理流程，具体涉及实物管理部门、财务管理部门。

1. 固定资产合并与拆分管理流程

固定资产合并与拆分管理流程主要涉及实物管理部门、财务管理部门，总体流程如图5-12所示。

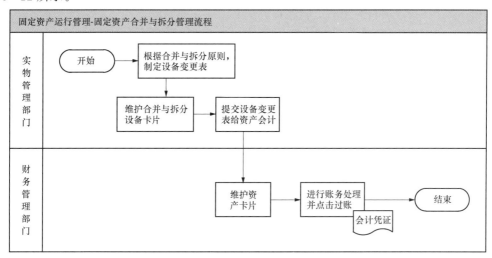

图5-12 固定资产合并与拆分管理流程

固定资产合并与拆分管理流程要点及各部门职责如下：

（1）实物管理部门：负责根据合并与拆分原则制定设备变更表，维护合并与拆分设备卡片；将设备变更表提交给财务管理部门。

（2）财务管理部门：负责在 ERP FICO 系统维护资产卡片信息，并对照固定资产卡片拆分表审核设备联动生成的固定资产卡片信息，并进行相应的账务处理。

2. 固定资产调拨管理流程

固定资产调拨管理流程主要涉及实物管理部门、财务管理部门，总体的流程如图 5-13 所示。

固定资产调拨管理流程要点及各部门职责如下：

（1）调出单位：负责线下沟通确认资产调拨相关事宜，发起调拨申请流程，根据上级部门更新的调拨审批结果调整设备台账信息，联动更新设备卡片，审批并生成调出资产记账凭证。

（2）调入单位：负责接收资产调拨单并创建或更改设备资产台账，联动创建或更新资产卡片，审批资产调拨单并检查资产卡片状态信息，审批并生成调入资产记账凭证。

（3）上级单位：负责审批资产调拨流程，更新调拨审批结果，审批调拨记账凭证并过账，生成相应凭证。

3. 固定资产技改管理流程

资产新增类技改项目，参照基建项目业务流程处理；资产替换类技改项目，不需要重估资产使用年限；资产部分改造类技改项目，涉及所有步骤流程。

技改流程主要涉及财务管理部门、实物管理部门，总体的流程如图 5-14 所示。

固定资产技改管理流程要点及各部门职责如下：

（1）实物管理部门：负责提出技改项目立项申请并创建技改项目，维护技改拆除设备及资产清单，修改设备资产状态，发起固定资产技改工作流，重估资产使用年限，与财务部门共同完成转资流程。

（2）财务管理部门：负责将固定资产转出到在建工程，审核实物管理部门重估的资产使用年限，在技改项目完工后进行转资。

5.2.3　ERP FICO 在固定资产运行管理中的应用

1. 资产合并与拆分

电网企业固定资产拆分业务较为频繁，主要为工程项目暂估结算时，因资产清册信息不完整未能及时完成资产资本化入账，账务上为满足折旧的准确计提要求，在 ERP FICO 中先将工程成本暂估到大类资产卡片中，后续正式竣工决算时，通过资产拆分功能将大类卡片拆分到明细卡片中。具体原理如图 5-15 所示。

2. 资产调拨

ERP FICO 均采用工作流形式进行调拨业务的全流程管理，在电网企业的 ERP FICO 应用上，固定资产调拨根据各会计主体管理方式，分为跨利润中心调拨、跨公司代码调拨。两种调拨方式，账务处理一致，仅在 ERP FICO 系统资产卡片的处理方式上有所不同。跨利润中心的调拨，可直接修改资产卡片的成本中心，跨公司代码的调拨需在调入单位新建资产卡片。

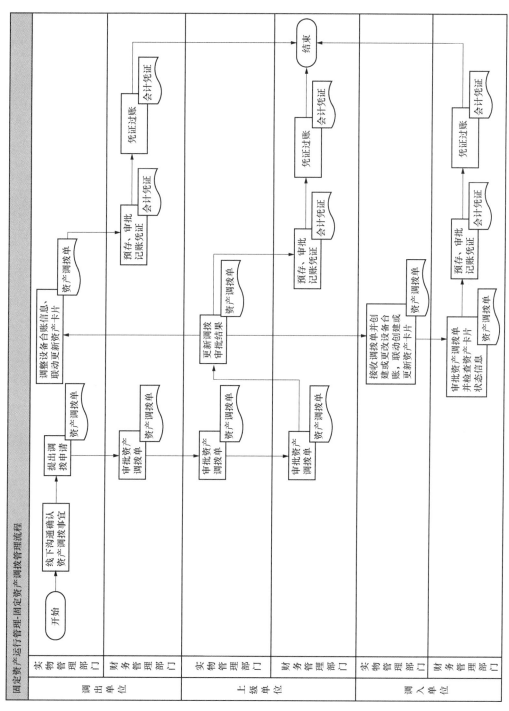

图 5 - 13　固定资产调拨管理流程

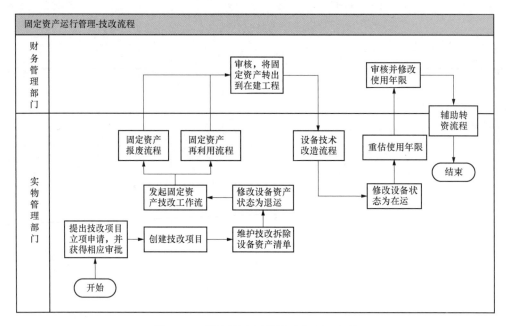

图 5-14　固定资产运行技改管理-流程

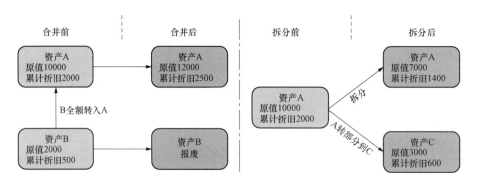

图 5-15　ERP FICO 系统资产拆分与合并原理

3. 技术改造

资产新增类技改项目，不涉及旧资产拆除，按在建工程流程进行核算。新增替换类技改项目，对原资产进行替换，转资到新资产，资产折旧年限不需进行重估。资产部分改造类技改项目，工期一个月以内不需将资产原值转入到在建工程，工期一个月以上，需将资产原值转入到在建工程；完工转资到原卡片上；对资产使用年限进行重估。

【应用案例5-3】资产拆分业务应用

2016 年××公司需将 A 资产的价值拆分 30％到 C 资产，根据拆分原则，实物管理部门制定设备变更表，并对原设备卡片信息进行调整，然后根据设备资产联动功能更新固定资产卡片的相关信息。财务部门在系统中进行资产价值拆分。

1. 查看卡片信息

资产拆分前，财务管理部门查看 A 卡片、C 卡片的资产价值信息。系统应用如图 5-16、

图 5-17 所示。

图 5-16 资产 A 拆分前情况　　　　图 5-17 资产 C 拆分前情况

2. 价值转移

财务管理部门将资产 A 价值转移 30％至资产 C。具体应用如图 5-18、图 5-19 所示。

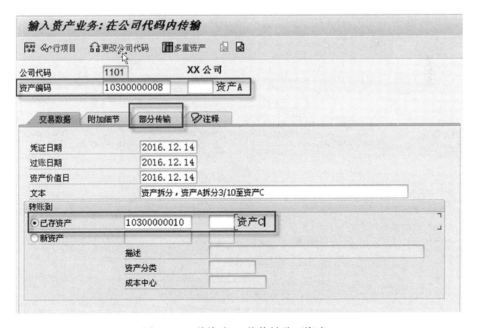

图 5-18 将资产 A 价值转移至资产 C

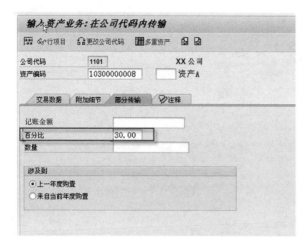

图5-19 资产转移比例

3. 凭证生成

保存后自动生成资产凭证，更新资产A和资产C的价值，资产A原值和折旧分别减少30%，资产C原值和折旧增加。具体应用如图5-20、图5-21所示。

【应用案例5-4】固定资产调拨应用

A公司为某电网集团，B公司、C公司为A公司下设的分公司，B公司的一项资产调拨到C公司，由A公司的实物管理部门负责协调资产需求，做出资产调拨决策并通知调出单位B公司填制资产调拨单，资产调拨单经A公司确认后，由调出单位B公司通过工作流进行资产调拨账务处理，调入单位C公司及上级单位A公司根据收到的信息分别做相应账务处理。

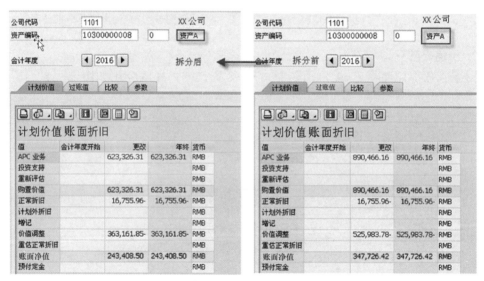

图5-20 资产A拆分前与拆分后对比图

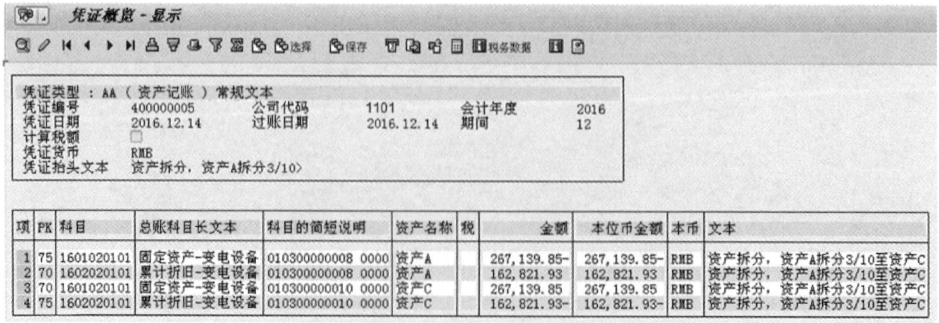

图5-21 资产拆分凭证

（1）B公司发起资产调拨申请单及核对调出凭证信息，并修改设备状态为报废。系统应用如图 5-22～图 5-24 所示。

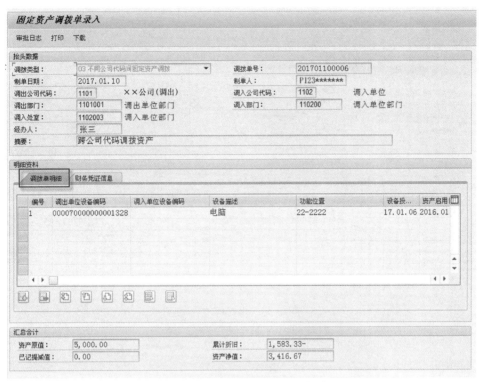

图 5-22 调出单位发起调拨申请

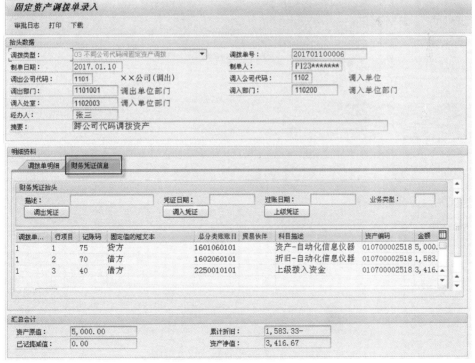

图 5-23 调出单位财务凭证信息

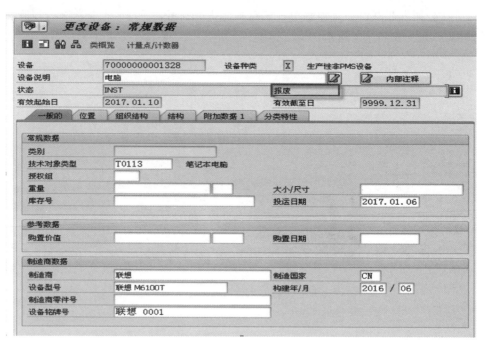

图 5-24　修改设备状态

（2）C公司维护调拨工作流的设备、资产信息，确认调入凭证信息。系统应用如图5-25、图5-26所示。

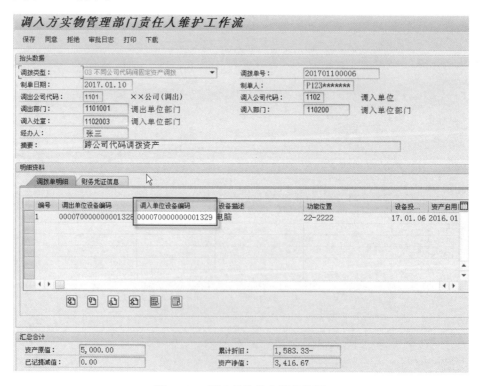

图 5-25　调入单位输入设备编码

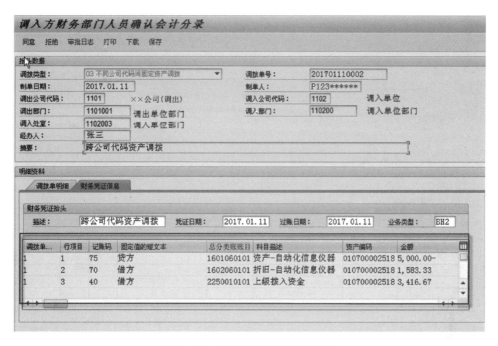

图 5 - 26　调入单位财务凭证信息

（3）A 公司审批调拨单、确财务凭证信息。系统应用如图 5 - 27 所示。

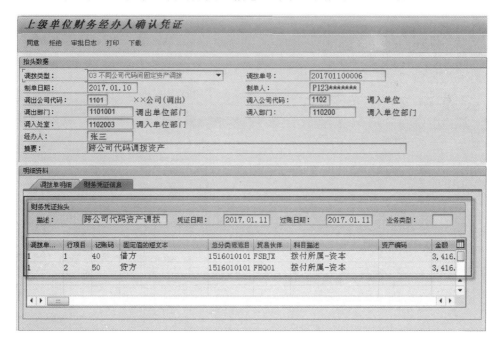

图 5 - 27　上级单位财务凭证信息

（4）调拨工作流审核完成后，A 公司、B 公司、C 公司三方财务凭证过账。系统应用如图 5 - 28～图 5 - 30 所示。

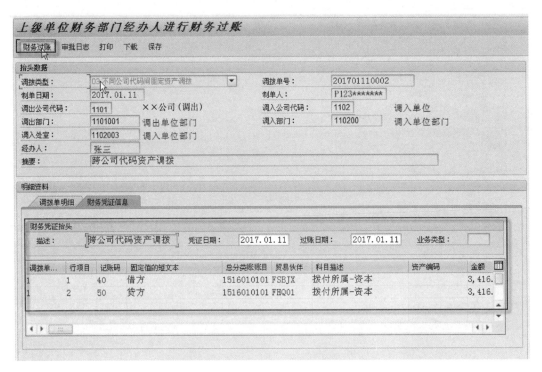

图5-28　上级单位财务过账

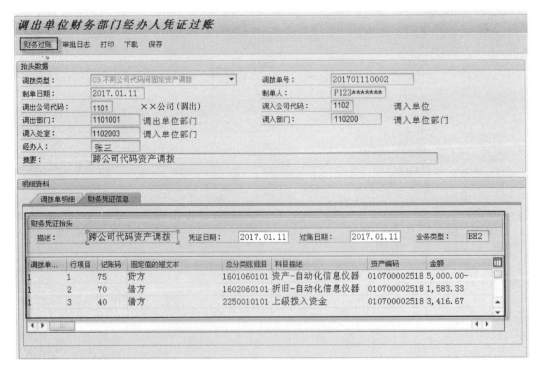

图5-29　调出单位财务过账

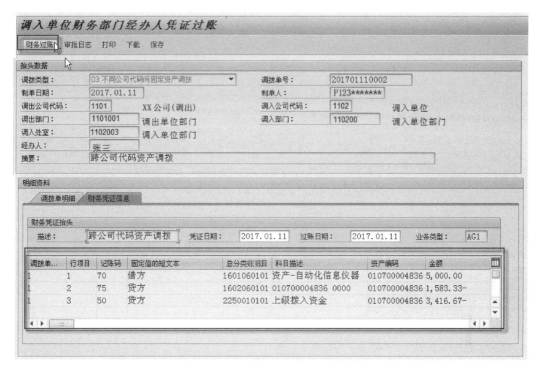

图 5 - 30　调入单位财务过账

【应用案例 5 - 5】资产部分改造类技改项目应用

以变电设备为例，进行资产部分改造，该项目实施工期为 1 个月以上，资产拆除比例为 30%，剩余 70% 转入在建工程，改造资金为 30 000.00 元。改造的资产初始投资为 50 000.00 元，其折旧年限为 12 年，已计提折旧 5 年 4 个月，此时资产账面净值为 28 889.00 元，剩余使用年限为 6 年 8 个月。从项目可研立项、项目实施、项目转资 3 个阶段，对技改业务流程及系统应用进行介绍。

1. 项目可研立项阶段

技改项目管理部门明确技改设备资产明细信息，实物管理部门在系统中维护技改拆除设备资产清单。系统功能如图 5 - 31、图 5 - 32 所示。

图 5 - 31　维护技改拆除设备清单 1

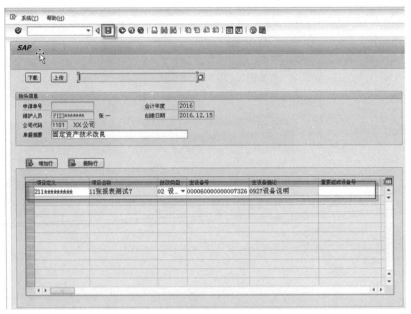

图 5-32　维护技改拆除设备清单 2

2. 项目实施阶段

实物管理部门发起技改工作流，对拆除的 30% 设备进行报废处理，财务专责输入相关账务信息，系统自动生成固定资产报废凭证和转入在建工程凭证。系统应用如图 5-33~图 5-38 所示。

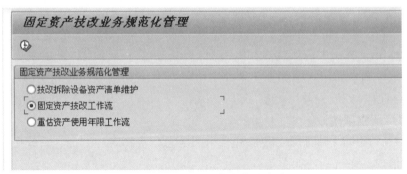

图 5-33　发起固定资产技改申请

图 5-34　确认设备拆除报废比例

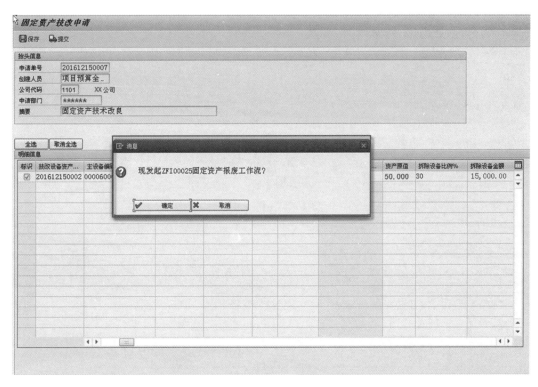

图 5-35　触发固定资产报废工作流

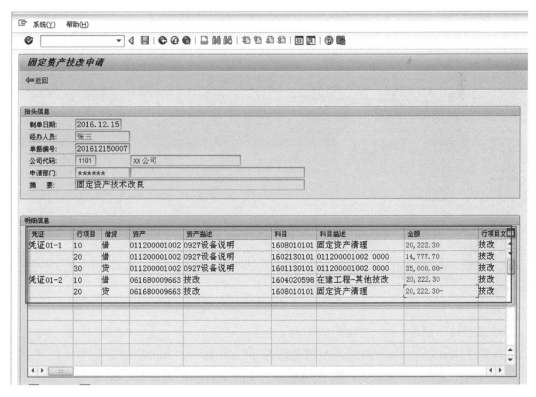

图 5-36　确认技改凭证

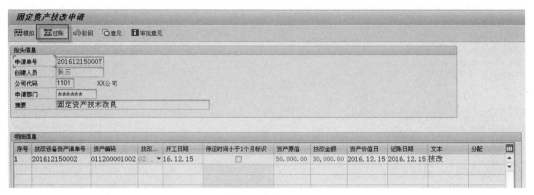

图 5-37　凭证过账

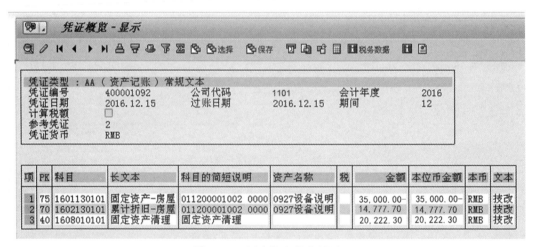

图 5-38　固定资产报废凭证

图 5-39　转入在建工程凭证

3. 项目转资阶段

该资产原值为 50 000.00 元，改造金额为 30 000 元，占资产原值 50% 以上，采用资产价值权重计算法计算重估的资产使用年限为 110 个月（9 年 2 个月）。重新在系统中维护资产卡片的使用年限。系统应用如图 5-40 所示。

图 5 - 40　重估资产使用年限

5.3　固定资产退出管理

5.3.1　固定资产退出管理概述

固定资产退出是指企业的固定资产脱离企业生产经营的过程。固定资产退出也是固定资产管理的一个重要环节，需要对其进行严格的控制。固定资产退出可分为主动退出和被动退出两类。主动退出是为了满足企业的某种需要而把固定资产主动转让出去，一般包括对外投资、对外捐赠和交换其他资产等。被动退出即通常意义上的清理，又可分为报废、毁损等。本小节以固定资产报废为例进行介绍。

5.3.2　电网企业固定资产退出管理流程

电网企业固定资产报废流程主要涉及实物管理部门和财务管理部门，总体流程如图 5 - 41 所示。

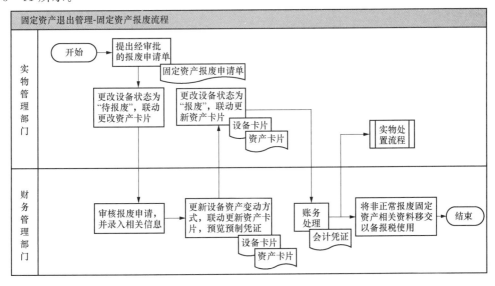

图 5 - 41　固定资产报废流程

固定资产报废流程要点及各部门职责如下：

（1）实物管理部门：负责发起报废申请，并获取相应审批；更改设备及资产卡片的状态为"报废"；报废流程完结后，发起实物处置流程。

（2）财务管理部门：负责审核报废申请，并录入相关信息；更改设备资产变动方式，完成凭证过账。

5.3.3 ERP FICO 在固定资产退出管理中的应用

电网企业固定资产退出管理通过 ERP FICO 报废工作流实现资产报废和账务处理，后续根据实物是否可以再利用进行相应处置，如存在可利用价值则转入废旧物资库存（注：废旧物资库存只做数量管理，不做价值管理）；如不可再利用，则根据是否有经济价值决定进行销售还是直接清理。如可销售，则通过拍卖或者相关形式进行出售。由于报废后续处置管理在《电网企业物资管理——ERP MM 的研究与应用》第 7 章进行了详细介绍，所以本节只介绍财务固定资产报废环节的应用情况。

【应用案例 5-6】固定资产报废流程应用

某电网企业变检工区办公室 1 台设备损坏，申请报废，实物管理部门核实后，进行拆除、报废处理。并提交相关报废申请单至财务管理部门进行账务处理。

（1）实物管理部门在系统中发起固定资产报废申请。系统应用如图 5-42 所示。

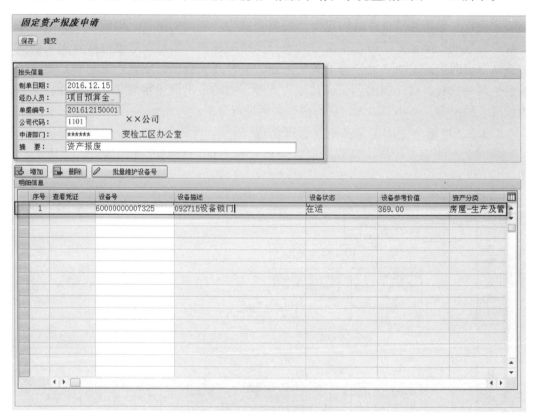

图 5-42 固定资产报废申请

（2）财务管理部门复核报废申请单的报废金额及比例，确认凭证信息及凭证过账。系统应用如图 5-43、图 5-44 所示。

图 5-43 复核固定资产报废申请

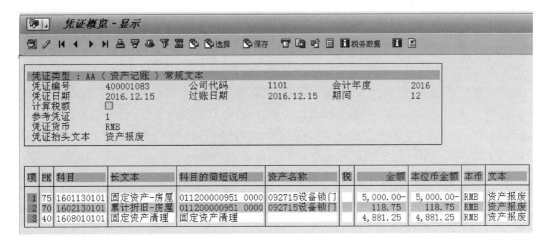

图 5-44 固定资产报废凭证

6

在建工程管理

在建工程管理是一个持续的过程，从项目立项至项目完工、验收、移交的全过程管理，本章主要从财务视角讲解在建工程的管理，包含在在建工程成本管理、在建工程转资管理的相关概念及其业务流程，并通过 ERP FICO 的预算管理功能确保在建工程成本在控可控；通过 ERP FICO 与 ERP PS、ERP MM 及网上报账系统的集成功能，在物资领用、服务发票校验及零星费用报销环节实时过账，实现在建工程成本的准确核算；通过 ERP FICO 自动竣工决算功能进行工程转资。

6.1 在建工程成本管理

6.1.1 在建工程成本管理概述
在建工程成本是指企业固定资产在新建、改建、扩建或技术、设备更新等工程建设过程中发生的各项支出总和，包括直接成本和间接成本。

在建工程成本管理是对工程项目建设过程中发生的各项成本，有组织、有系统地进行成本计划、成本管控、成本分析和考核等一系列科学的管理工作。

由于项目前期费用管理、项目物资采购管理、服务采购管理和项目零星费用管理在《电网企业项目管理——ERP PS 的研究与应用》一书中已进行详细阐述，本节从电网企业的在建工程成本预算、成本归集角度对在建工程管理进行介绍。

（1）在建工程成本预算管理：建立全面预算管理体系，以项目建设管理单位为责任主体，以工程项目为对象编制工程投资预算，并在各成本发生时点进行严格控制。

（2）在建工程成本归集管理：制定在建工程成本科目体系，严格遵守成本开支范围，及时准确地归集项目全过程的费用。

6.1.2 电网企业在建工程成本管理流程
电网企业在建工程成本管理流程主要涉及物资管理部门、项目管理部门和财务管理部门，总体流程如图 6-1 所示。

在建工程成本管理流程要点及各部门职责如下：

（1）物资管理部门：负责根据需求部门提出的物资采购申请进行项目物资采购，组织相关部门进行验收、调试；负责物资采购的入库及领料等库存管理。

（2）项目管理部门：负责在项目建设过程中与供应商签订服务合同；创建服务采购订单，跟踪项目服务进度；根据服务供应商所提交的进度材料确认服务进度；将原始发票、合同、进度确认单等材料交给财务管理部门。针对零星费用报销业务，负责发起零

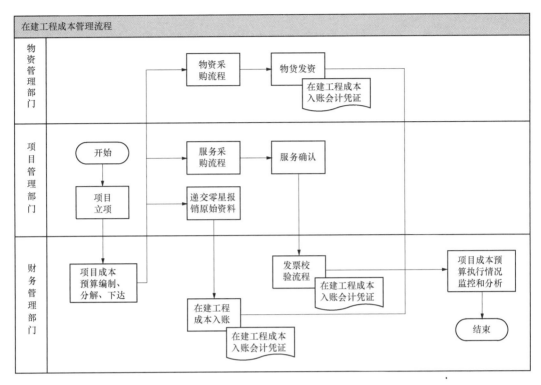

图 6-1　在建工程成本管理流程

星报销业务流程，进行费用报销。

（3）财务管理部门：负责开展项目成本预算编制、下达预算及预算管控，进行发票账务处理。针对零星费用报销业务，负责审核相关原始资料，并完成在建工程成本入账。

6.1.3　ERP FICO 在在建工程成本管理中的应用

电网企业项目主要分为基建、技改、小型基建、大修、科技、营销、信息化、管理咨询、教育培训、股权投资、固定资产零购等类型，其中基建、技改、小型基建等资本性项目通过在建工程进行核算。电网企业在建工程成本管理的 ERP FICO 应用，主要从项目成本预算管理和在建工程成本归集管理两个方面进行阐述。

（1）项目成本预算管理。项目成本预算管理是电网企业"全面预算"管理体系的重要组成部分，通过财务管控系统的预算管理模块进行预算的编制、分解，传入到 ERP FICO 系统进行预算下达和控制，最后通过各类型报表进行预算执行情况分析、监控。具体预算编制、分解功能将在本书 8.1 预管管理中详细介绍，这里不做赘述。

（2）在建工程成本归集管理。电网企业在建工程成本归集管理，通过物资采购、服务采购及零星费用报销等业务，自动将相应成本入账到项目上，实现业务与财务的高度融合。

【应用案例 6-1】在建工程成本归集管理应用

2016 年××公司根据政府规划，申报 110kV 输变电项目，该项目通过审批立项。项目预算为 1206.03 万元，在项目建设过程中，发生物资、服务采购及零星报销等业务，费

电网企业财务管理
——ERP FICO的研究与应用

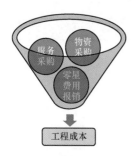

图 6-2　在建工程成本
归集管理

用明细单如图 6-2 所示。2016 年 9 月 27 日，物资采购的 A 供应商已将物资运送至指定仓库存放点，并完成验收入库。服务采购的 B 供应商已提供相应的服务，并完成进度确认。2016 年 10 月 29 日，前端业务部门将合同、发票、进度确认单及服务工程招标会议的相关原始报销单据提交至财务管理部门，由财务管理部门完成核算。

1. 项目预算编制及下达

财务管理部根据批复的项目概算情况，编制该项目的总体预算和年度预算，并分别按照预算的控制需求，将预算分解至相应的费用编码，预算下达后，系统将按照年度预算进行控制。系统应用如图 6-3～图 6-5 所示。

图 6-3　项目预算编制

图 6-4　项目预算下达

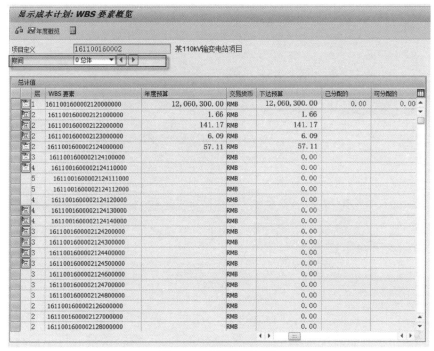

图 6-5 项目预算显示

2. 在建工程成本归集

（1）物资采购。项目管理部门提交领料申请给仓库管理员，仓库管理员按照领料单要求在 ERP MM 中进行发货操作，系统根据 ERP 的集成功能，自动完成在建工程成本入账，具体系统应用如图 6-6、图 6-7 所示。

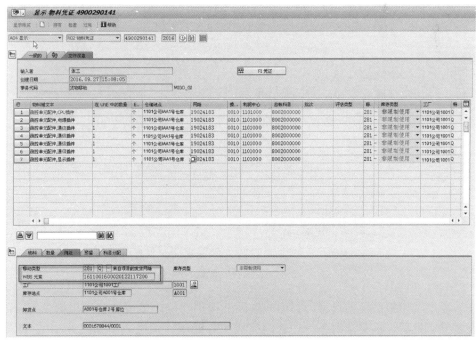

图 6-6 物资发货

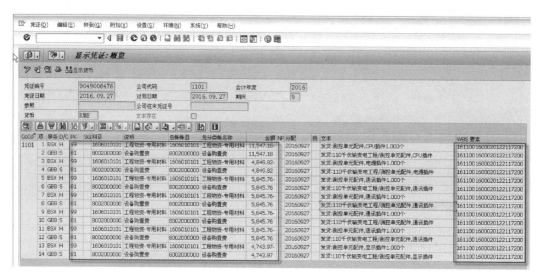

图6-7 物资发货会计凭证

（2）服务采购。B供应商向项目管理部门提交服务合同完成进度及相关支撑材料，项目管理部门根据项目进度确认单、合同、采购订单等信息按采购订单进行进度确认后，递交供应商发票和支撑材料至财务管理部门并填报发票校验申请单，财务管理部门核对无误后进行发票校验，完成工程监理费的账务处理，系统应用如图6-8、图6-9所示。

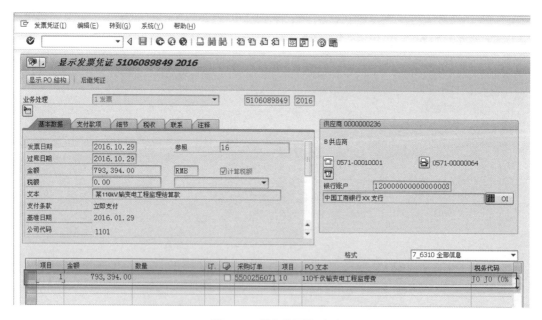

图6-8 服务发票校验

（3）零星费用报销。项目管理部门通过网上报销功能，填写"费用报销单"，经相关部门及领导审批后，提交至财务管理部门完成账务处理。系统应用如图6-10、图6-11所示。

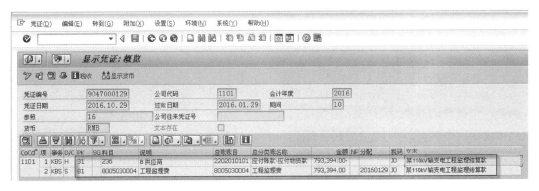

图 6-9 发票校验凭证

费用报销-明细

人员编号:	31170122 张 三
报销单号:	1000067825
报销日期: *	2016.11.12
国家区域: *	中国-省内
地 点: *	某地
作业类型: *	日常出差
事由: *	某110kV输变电工程工程(最多20个汉字)
附件总数:	8

成本分配

增加 删除

分配类型	*成本对象	*份额(%)
基建项目	1611001600210124210000 - 项目法人管理费	100.00

报销费用

增加 删除　　　　　　　　　　　　　　　　　　　　　金额总计: 6,550.00

*费用类型	*附件	金额	货币	税码	收款单位(人)	*开始日期	*结束日期	*描述
Y54P-会议费	5	6,550.00	RMB	J0	0000000002-XX供应商	2016.11.12	2016.11.12	某110kV输变电工程工程量审查会

供应商编号:	21957	收款单位: XX有限公司	银行帐号: 12000XXXXXXXXXXX
银联代码:	1033XXXXXXXX	XX银行XX支行	开户银行: XX银行XX支行

文本信息　发票信息　流程跟踪　审批信息　附件信息

描述	类型	附件类别
会务费.pdf	PDF	发票或收据
会议报批表.pdf	PDF	其他
某某饭店更名告知函.pdf	PDF	其他

打印 关闭 一键查看附件

图 6-10 项目零星费用报销单

显示凭证:概览

咕 宜 晶 税收 显示货币

凭证编号	7001806	公司代码	1101	会计年度	2016
凭证日期	2016.11.12	过账日期	2016.11.12	期间	12
参照	8	公司往来凭证号			
货币	RMB	文本存在	□		

公司代码	项	事务	PK	S 科目	说明	总账账目	总分类账名称	金额	NP	分配	税码	文本
1101	1	HRT	50	1002020102	银行存款-XX行	1002020102	银行存款-XX行	6,550.00-		1000067825		付张三110kV输变电工程工程量审查会会议费
1101	2	HRT	40	8005010003	建设项目法人管理费-会议费	8005010003	建设项目法人管理费-会议费	6,550.00		1000067825		付张三110kV输变电工程工程量审查会会议费

图 6-11 项目零星费用报销凭证

6.2　在建工程转资管理

6.2.1　在建工程转资管理概述

在建工程转资管理指在建工程达到预定可使用状态，但尚未办理竣工决算的，应当自达到预定可使用状态之日起，根据工程预算、造价或者工程实际成本等，结合成本费用分摊规则，开展分摊并将价值转入固定资产，计提折旧。待办理竣工决算手续后再做调整，但不需要调整原已有计提的折旧。

6.2.2　电网企业在建工程转资管理流程

在建工程转资管理流程主要涉及实物管理部门、项目管理部门和财务管理部门，总体流程如图6-12所示。

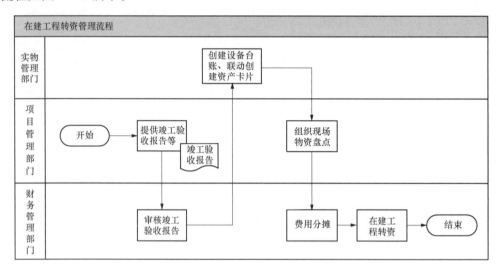

图6-12　在建工程转资管理流程

在建工程转资管理流程要点及各部门职责如下：

（1）实物管理部门：负责编制"工程验收现场盘点清单"，经由项目管理部门、财务管理部门、实物管理部门三方审核并盖章确认后，根据"工程验收现场盘点清单"创建设备台账，联动产生资产卡片。

（2）项目管理部门：负责项目全过程的管理，在竣工决算环节，组织物资管理部门、财务管理部门、实物管理部门等进行竣工验收工作，出具竣工验收报告、实物资产移交清册、合同清册、工程投产通知书和暂估工程费用明细表等，提交给财务管理部门进行审核和账务处理。

（3）财务管理部门：负责审核竣工验收报告、实物资产移交清册、合同清册和工程投产通知书的信息完整性；核实暂估工程费用明细表，将已完工工程与概算、合同进行核对，确定未完工工程的真实性；补充维护设备联动过来的资产卡片信息；进行费用分摊，审核分摊结果，委托外部审计机构对竣工决算报告进行审计，并根据审计结果对竣工决算报告进行调整，完成在建工程转资等。

6.2.3 ERP FICO 在在建工程转资管理中的应用

电网企业应用 ERP FICO 的工程自动竣工决算功能实现在建工程自动转资，本小节主要对财务环节的费用分摊和转资功能进行介绍，即基于电网企业竣工决算费用分摊标准和分摊规则，将在建工程的金额转到每个明细卡片上，完成在建工程转资。由于预转资与正式转资在财务环节基本相似，这里只对费用分摊和预转资功能进行介绍。

【应用案例 6-2】在建工程转资管理应用

××公司 220kV 变电站项目于 2016 年 10 月 27 日投产，进入在建工程转资阶段。实物管理部门创建设备台账，并联动生成资产卡片，同时完成工程现场盘点验收工作，"工程验收现场盘点清单"由项目管理部门、财务管理部门、实物管理部门三方审核并盖章确认。2016 年 11 月 23 日，财务管理部门审核工程竣工验收报告、实物资产移交清册、合同清册、工程投产通知书、暂估工程费用明细表相关资料，开展在建工程转资工作。

1. 费用分摊

财务管理部门根据费用分摊规则，计算出资产清册中每张资产卡片的建筑费、设备基座费、安装费、其他费用等费用的应分摊金额。系统应用如图 6-13 所示。

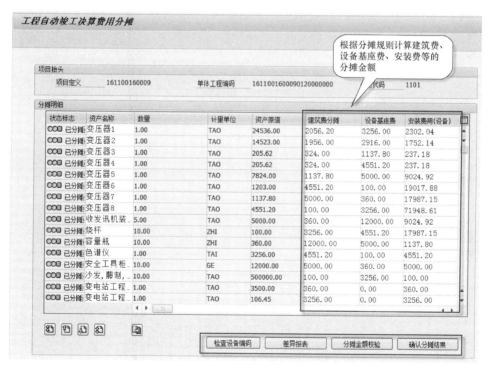

图 6-13　在建工程转资费用分摊

2. 预转资

完成费用分摊确认后，财务管理部门进行预转资处理，将项目归集的所有项目成本，按照费用分摊结果，通过在建工程转入到资产卡片中。系统应用如图 6-14～图 6-16 所示。

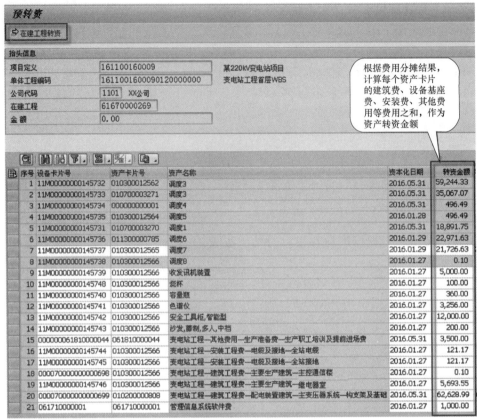

图 6-14　预转资

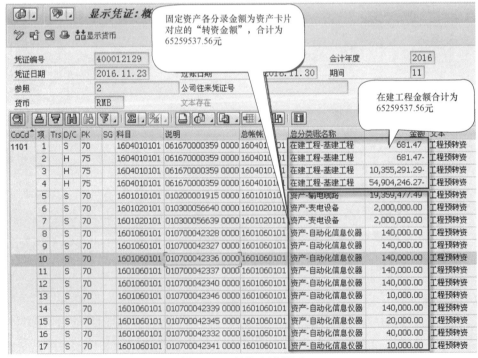

图 6-15　转资会计凭证

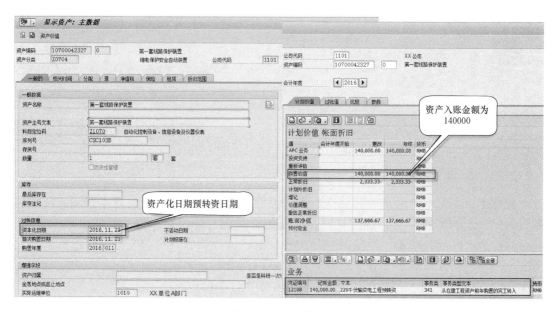

图 6 - 16　资产信息

输配电成本管理

输配电成本是指电网企业为输送、提供电能在输配环节所发生的成本费用。一般包括输电费、工资、折旧费、自营材料费、外包材料费、外包检修费、委托运行维护费、社会保险费、住房公积金、低值易耗品摊销、财产保险费、研究开发费、其他运营费用等。电网企业输配电成本可分为可控费用和不可控费用。本章主要阐述可控费用和不可控费用管理的相关概念、业务流程及其在 ERP FICO 中的应用。

7.1 可控费用管理

7.1.1 可控费用管理概述

可控费用又称可控成本，即能被某个责任单位或个人行为所制约的成本。内容包括材料及修理费、研究开发费、办公费、差旅费、车辆使用费等。

由于财务管理及核算上，各类费用基本相似，本文选取材料及修理费管理及差旅费报销进行介绍。

（1）材料及修理费包括自营材料费、外包材料费及外包检修费。自营材料费是指电网企业在生产经营过程中因自行组织设备大修、抢修和日常检修发生的材料费用；外包材料费是指电网企业在委托外部社会单位进行设备大修、抢修和日常检修过程中发生的材料费用；外包检修费是指电网企业因受人员、技术和机械装备等原因限制，企业自身无法自行开展检修工作，而将检修项目外包给社会单位发生的材料费、人工费、措施费、间接费等费用支出。

（2）差旅费是指电网企业职工因公出差而产生的住宿费、交通费、住勤补贴、调动职工本人且批准随行家属的差旅费等。

7.1.2 电网企业可控费用管理流程

1. 检修费管理流程

检修费管理流程主要涉及运维运维检修部门、物资管理部门和财务管理部门，总体流程如图 7-1 所示。

检修费管理流程要点及各部门职责如下：

（1）运维检修部门：负责制定维修计划，编制工作任务单，创建维修工单，工单领料，执行设备维修、抢修，跟进外部维修进度并进行进度确认，对设备维修结果进行验收，提交检修相关单据至财务部门进行账务处理。

（2）物资管理部门：负责物资采购管理、仓储管理，按运维检修部门的领料单执行

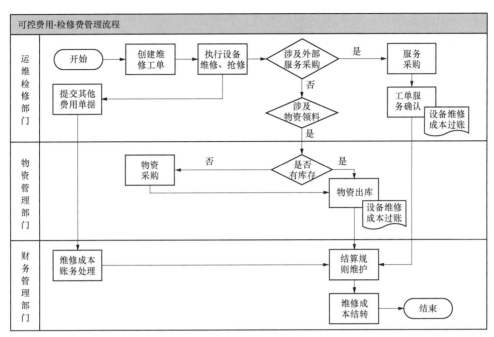

图 7-1　检修费管理流程

物资出库。

（3）财务管理部门：负责对设备维修全过程涉及的物资领料、其他费用报销、服务确认等业务提交单据的完整性、有效性进行审核，完成账务处理，维护工单结算规则，执行维修工单成本结转。

2. 其他可控费用管理流程

其他可控费用管理流程主要涉及费用发生部门、归口管理部门和财务管理部门，总体流程如图 7-2 所示。

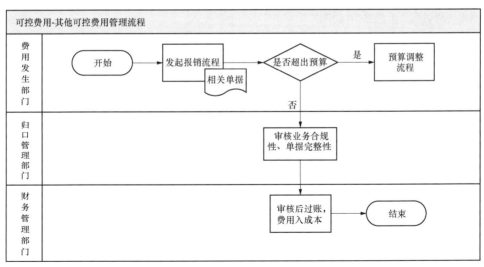

图 7-2　其他可控费用管理流程

其他可控费用流程要点及各部门职责如下：

（1）费用发生部门：负责发起报销流程，并在流程中附加相关单据。费用发生部门应对报销业务的必要性、真实性、完整性及合规性负责。

（2）归口管理部门：负责对归口管理的费用流程予以审核，重点审核业务事项的合规性及单据的完整性，对归口管理费用整体把控。

（3）财务管理部门：负责落实费用管理制度，建立健全成本管理体系；对费用报销流程予以审批，负责检查单据的完整性、有效性，并对报销事项与单据内容的一致性进行复核，并做好预算、核算等相关工作。

7.1.3 ERP FICO 在可控费用管理中的应用

电网企业可控费用管理在 ERP FICO 中的应用可以归集为两种情况：涉及物资采购、服务采购的业务和不涉及采购的一般业务。

（1）涉及物资采购、服务采购的业务：如维修材料、办公用品等物资采购，变电设备检修、房屋维修等服务采购，在 ERP 中按物资及服务采购进行管理，并通过物资领料或者服务确认，自动归集到相应的成本中心或工单中，实现可控费用入账。

（2）不涉及采购的一般业务：在系统中发起报销申请和审批，实现账务处理。可控费用在发起报账申请时进行成本费用预算控制。

下面分别以设备维修和报销差旅费为例，介绍电网企业可控费用管理在 ERP FICO 中的应用情况。

【应用案例 7 - 1】设备维修管理应用

××电网企业运维检修部门负责 110kV 某变电站计划检修工作。2018 年 10 月 1 日，检修运维班组根据工作任务，编制检修计划，创建检修工单生成预留，通过预留领料；服务供应商开具发票，运维检修部门对服务进行确认，提交合同、发票、采购订单等单据至财务部，由财务进行发票校验。

1. 创建维修工单

按照检修计划，在系统中创建维修工单，挂接工序（服务）和组件（物资），工单下达后，生成预留。系统应用如图 7 - 3～图 7 - 5 所示。

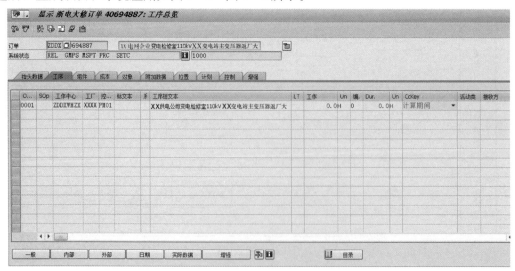

图 7 - 3　检修工单 - 工序

图 7-4　检修工单-组件

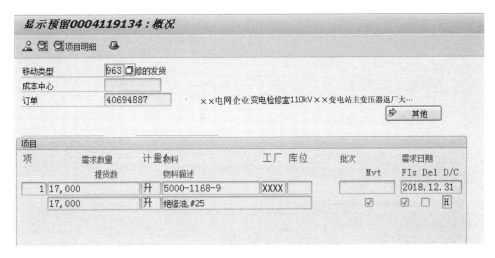

图 7-5　预留

2. 工单领料

检修运维班组提交领料单至物资仓库领料，物资管理部门负责物资出库，并打印出库单。物资出库同步生成财务凭证。系统应用如图 7-6、图 7-7 所示。

3. 服务发票校验

财务部门依据前端业务部门提交的材料，在系统中进行发票校验。系统应用如图 7-8、图 7-9 所示。

【应用案例 7-2】差旅费报销管理

××电网企业发策管理部门杨某，于 2017 年 8 月 25 日因公出差到某市参加电价改革研讨会，2017 年 8 月 29 日回公司后申请报销差旅费，其中交通费：500 元，住宿费：1000 元。

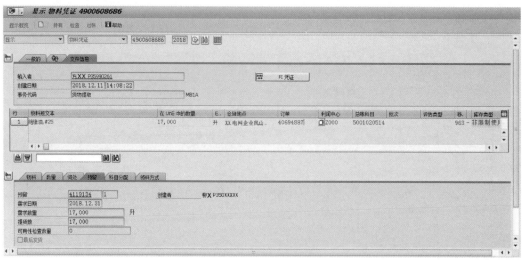

图 7-6　物资领料

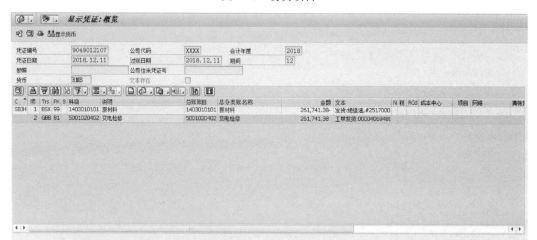

图 7-7　财务凭证

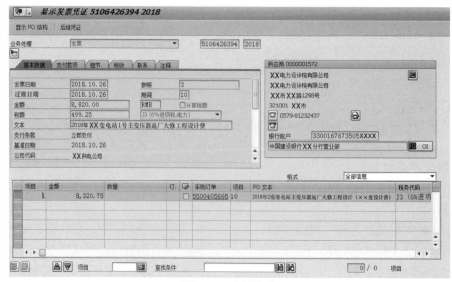

图 7-8　发票校验

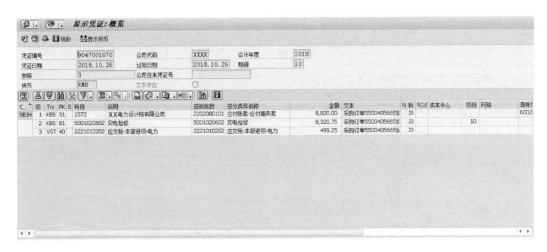

图 7-9 财务凭证

1. 发起费用报销单

杨某在系统中发起费用报销单。系统应用如图 7-10 所示。

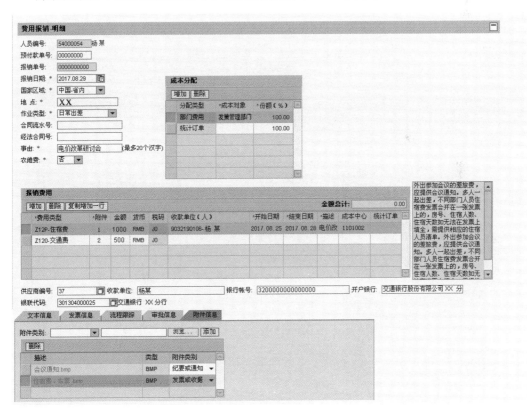

图 7-10 费用报销单

2. 财务过账

财务管理部门获取差旅申请单，进行过账。系统应用如图 7-11 所示。

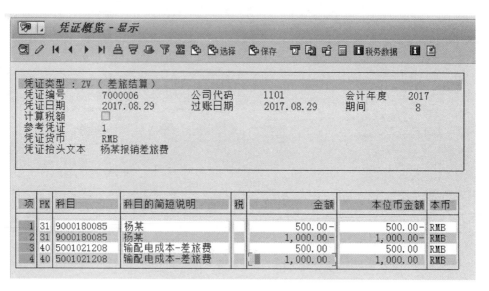

图 7-11　财务凭证

3. 费用查询

可通过成本中心报表查询各项费用的归集情况。系统应用如图 7-12 所示。

成本中心：实际/计划/差异		日期：2017-08-29	页：	2	4
			列：	1/	2

成本中心/组　　　　*
负责人：
报告期间：　　　　8　　　9　　2017

成本要素		实际成本	计划成本	差异(绝对)	差异(%)
5001011401	生产成本-办公>	8,666.26		8,666.26	
5001011402	生产成本-办公>	13,815.70		13,815.70	
5001011403	生产成本-办公>	587.00		587.00	
5001011404	生产成本-办公>	810.90		810.90	
5001011405	生产成本-办公>	2,846.31		2,846.31	
5001011406	生产成本-办公>	14,334.29		14,334.29	
5001011407	生产成本-办公>				
5001011408	生产成本-差旅费	508,922.50		508,922.50	
5001011410	生产成本-劳动>	208,778.61		208,778.61	
5001011411	生产成本-会议费				
5001011413	生产成本-物业>	687,623.00		687,623.00	
5001011414	生产成本-水电>	7,059.30		7,059.30	
5001011415	生产成本-水电>	339,526.35		339,526.35	
5001011421	生产成本-绿化费	1,478,597.00		1,478,597.00	
5001011424	生产成本-补偿费	315,000.00		315,000.00	
5001011425	生产成本-护线费	144,077.50		144,077.50	
5001011427	生产成本-业务>	1,113.00		1,113.00	
5001011429	生产成本-广告>	15,250.00		15,250.00	
5001011430	生产成本-房屋>				
5001011432	生产成本-无线>				
5001011435	生产成本-车辆>	1,420,000.00		1,420,000.00	
5001011437	生产成本-福利>				
5001011438	生产成本-医疗>	55,760.12		55,760.12	
5001011439	生产成本-职工>				
5001011440	生产成本-食堂>	1,126,417.77		1,126,417.77	
5001011442	生产成本-防暑>	166,150.00		166,150.00	
5001011443	生产成本-职工>				
5001011445	生产成本-离退>	267,818.00		267,818.00	
5001011446	生产成本-独生>				
5001011447	生产成本-丧葬>				

图 7-12　成本费用查询

7.2 不可控费用管理

7.2.1 不可控费用管理概述

与可控费用相对的是不可控费用,是指不被某个责任单位或个人行为所制约的成本。不可控成本一般是无法选择或不存在选择余地的成本。它具有相对性,与成本发生的空间和时间范围有关。例如短期内,固定成本是不可控成本,但从长期看,企业可以调整固定资产支出,固定成本成为可控成本。内容包括折旧费、职工薪酬、福利费、工会经费、各类保险金等。

职工薪酬、保险费等在人资系统集中管理,折旧费通过固定资产折旧计提生成,本小节对由其他系统、业务模块集成的业务不做描述,仅对福利费——食堂经费、工会经费等发起报销流程的业务进行描述。

7.2.2 电网企业不可控费用管理流程

不可控费用管理流程主要涉及费用发生部门、归口管理部门和财务管理部门,总体流程如图 7-13 所示。

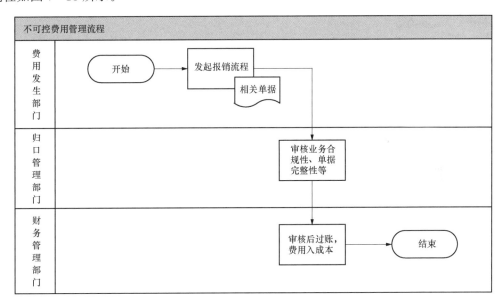

图 7-13 不可控费用管理流程

不可控费用管理流程要点及各部门职责如下:

(1)费用发生部门:负责发起报销流程,并在流程中附加相关单据。费用发生部门应对报销业务的必要性、真实性、完整性及合规性负责。

(2)归口管理部门:负责对归口管理的费用流程予以审核,重点审核业务事项的合规性及单据的完整性,对归口管理费用整体把控。

(3)财务管理部门:负责落实费用管理制度,建立健全成本管理体系;对费用报销流程予以审批,负责检查单据的完整性、有效性,对报销事项与单据内容的一致性进行复核,并做好核算工作。

7.2.3 ERP FICO 在不可控费用管理中的应用

电网企业不可控费用的 ERP FICO 应用有两种情况。一是涉及职工薪酬、福利费、社会保险、工会经费等通过 ERP HR 与 ERP FICO 的薪酬过账集成功能，即在每个薪酬发放周期，根据预配置的工资项目＋员工性质与财务科目对应规则，通过薪酬过账集成功能自动实现账务处理；二是工会经费、食堂经费等在财务费用报销流程中，发起报销申请，审核通过后生成会计凭证。

由于涉及职工薪酬、福利费、社会保险、工会经费等业务在 ERP HR 书中进行介绍，本节以食堂经费报销、结转业务为例介绍电网企业不可控费用管理在 ERP FICO 中的应用情况。

【应用案例7-3】食堂经费管理应用

2019 年 2 月，××电网企业内设食堂出现经营性亏损，申请补助 172 万元，后勤部门在系统中发起补助申请流程，财务管理部门在月末完成费用结转工作。系统应用如下。

1. 食堂经费报销

后勤管理部在系统中发起食堂经费报销申请，审核通过后生成会计凭证。具体应用如图 7-14、图 7-15 所示。

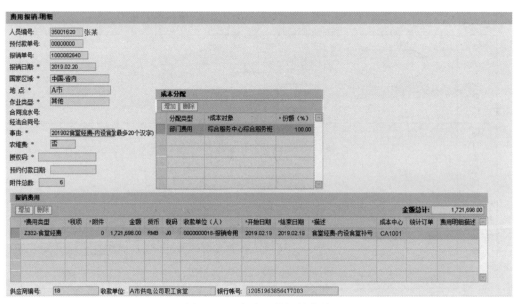

图 7-14 食堂经费报销申请

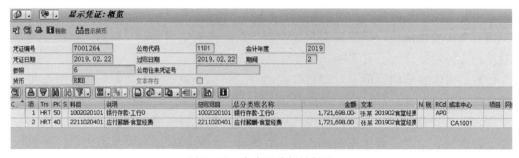

图 7-15 食堂经费报销凭证

2. 月末财务结转

月末财务部门在系统中将应付职工薪酬 - 食堂经费结转至生产成本 - 职工福利费。系统应用如图 7 - 16 所示。

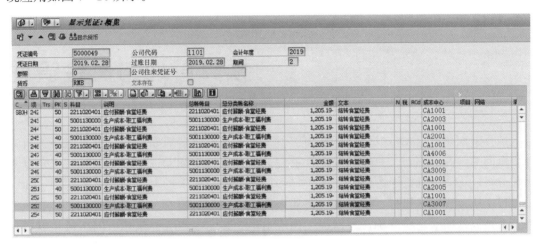

图 7 - 16　财务月末结转凭证

8

预算管理与资金管理

预算管理是指企业在战略目标的指引下，对未来的经营活动和相应财务结果进行充分、全面的预测和筹划，并通过对执行过程的监控，将实际完成情况与预算目标不断对照和分析，从而及时指导经营活动的改善和调整，以帮助管理者更加有效地管理企业和最大程度地实现战略目标。资金管理是对企业资金来源和资金使用进行计划、控制、监督、考核等各项活动的总称，是财务工作的重中之重。本章主要阐述电网企业预算管理和资金管理的相关概念及其业务流程，介绍 ERP FICO 在预算管理和资金管理中的应用。

8.1 预算管理

8.1.1 预算管理概述

预算包括营业预算、资本预算、财务预算、筹资预算，各项预算的有机组合构成企业总预算，即全面预算。电网企业全面预算管理是指依据公司经营发展战略，通过事前统筹平衡、事中监督控制、事后考核评价，整合业务流、资金流、信息流，对公司预算编制、审批、下达、执行、控制、分析、调整、考评等进行全过程管理的活动。全面预算管理按管理对象分为综合预算、业务预算和财务预算。综合预算全面反映预算期间公司财务状况、经营成果和资金收支，既是业务预算和财务预算结果的综合体现，同时又根据经营目标对业务预算和财务预算实施统筹优化和综合平衡。

（1）综合预算包括损益预算、资产负债预算、资本性收支及融资预算、现金流量预算，以及利润、经济附加值（Economic Value Added，EVA）、资产负债率、净资产收益率等业绩考核指标。

（2）业务预算包括购售电、职工薪酬、电网基建、小型基建、生产技改、非生产技改、生产大修、非生产大修、固定资产零星购置、营销投入、信息化投入、研究开发、管理咨询、教育培训、其他资本性（用户工程、城市附加项目、电网备品备件购置等）和成本性（电网日常运维、配网整治等）项目预算等。按照项目方式管理的业务预算统称为项目预算。

（3）财务预算包括标准成本预算、固定资产折旧预算、利息支出预算、投资收益预算、资产减值损失预算、其他业务收支预算、营业外收支预算、应交税金预算、农网维护费收支预算、合并抵销预算。

按管理环节分类，全面预算分为预算编制、控制与执行、分析与考核。

按管理期间分类，全面预算分为中长期预算、年度预算和月度预算。

为了更清晰地了解电网企业预算管理的整个流程，下文按照管理环节的划分进行阐述。

8.1.2 电网企业预算管理流程

电网企业预算管理流程主要涉及公司决策层、财务管理部门和各业务部门，总体流程如图8-1所示。

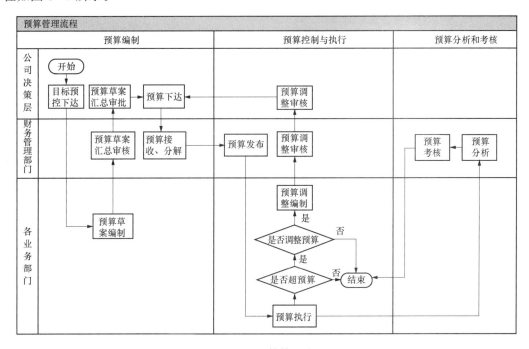

图8-1 预算管理流程

电网企业预算管理流程要点及各部门职责如下：

（1）公司决策层：负责审批预算数据，下达公司预算方案，对各单位年度预算、月度预算进行控制，为公司经营分析提供支撑；负责审批预算调整数据，下达公司预算调整方案。

（2）财务管理部门：负责预算数据汇总、审核、上报公司决策层；负责预算分解与下达；负责各业务部门的预算调整审核，并报公司决策层审核；负责对预算执行情况进行分析，制定预算考核制度，开展预算执行偏差考核工作。

（3）各业务部门：负责本部门预算数据编制和调整，并上报财务管理部门审核；负责各类业务预算的审核、控制。

8.1.3 ERP FICO在预算管理中的应用

1. 预算编制

电网企业预算编制分为年度预算编制和月度预算编制两种。按照时序将年度预算分解到月度预算，通过月度损益预算合理优化公司效益曲线，通过月度现金流量预算对接具体项目和明细科目，实现业务流与资金流双控。预算编制在系统功能上分为表单编制和报表编制。月度预算编制与月度现金流量预算编制流程一致，以月度现金流量预算编制为例进行介绍。

2. 预算控制与执行

电网企业 ERP FICO 系统的预算控制，主要从项目预算和基金预算两种维度进行控制，预算又分为承诺预算和实际成本预算两类，其中承诺预算指承诺要发生但尚未发生的预算，可以有效地做到事前控制；实际成本预算是实际发生的成本。以项目预算控制为例进行介绍。

3. 预算分析与考核

电网企业基于 ERP FICO 系统数据开展预算执行情况的分析与考核，通过对业务数据进行挖掘分析，健全账务预算执行情况。预算分析与考核贯穿于预算全过程管理，本节不做具体案例说明。

【应用案例 8-1】月度现金流量预算编制应用

××电网企业在系统中启动 2019 年 3 月的月度现金流量预算编制工作。通过业务部门编制的资金支付申请，初步汇总形成月度资金预算计划，预算编制人员提交责任会计审核确认，确认无误后预算编制人员上报资金预算，生成月度现金流量预算表。

（1）汇总资金支付申请，生成月度资金预算计划。初步汇总形成月度资金预算计划，发送至预算审核岗进行审核确认。系统应用如图 8-2 所示。

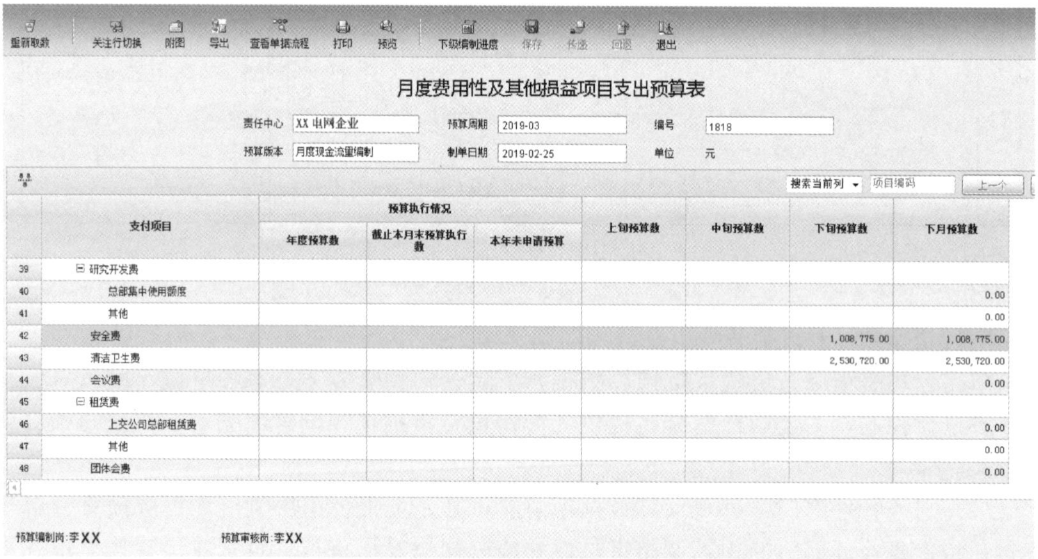

	支付项目	预算执行情况			上旬预算数	中旬预算数	下旬预算数	下月预算数
		年度预算数	截止本月末预算执行数	本年未申请预算				
39	⊟ 研究开发费							
40	总部集中使用额度							0.00
41	其他							0.00
42	安全费						1,008,775.00	1,008,775.00
43	清洁卫生费						2,530,720.00	2,530,720.00
44	会议费							0.00
45	⊟ 租赁费							
46	上交公司总部租赁费							0.00
47	其他							0.00
48	团体会费							0.00

图 8-2 月度资金预算计划

（2）生成月度现金流量预算报表。系统应用如图 8-3 所示。

【应用案例 8-2】项目预算控制应用

××公司完成项目预算编制及发布，项目预算金额为 10 万元。需求部门创建采购申请 5 万元，完成招投标及合同签订，生成采购订单 5 万元；物资收货 2 万元，根据预留对项目发货 2 万元；财务进行发票校验，发票金额 2.34 万元；业务部门发起付款申请，生成下月的付款计划；财务编制下月的现金流量预算报表，在供应商付款时进行预算校验。本案例仅介绍从采购申请到供应商付款过程中预算的控制，详细的物资计划、采购、收发货操作见《电网企业物资管理——ERP MM 的研究》一书；发票校验见本书 2.2.3；

图 8 - 3　月度现金流量预算报表

供应商付款见本书 8.2.3。

物资采购各业务环节中预算占用情况见表 8 - 1。

表 8 - 1　　　　　　　　　物资采购各业务环节中预算占用情况

流程			采购申请创建	采购申请审批	采购订单创建	采购订单审批	物资收货	物资发货到项目	发票校验	供应商付款
金额			申请金额 50 000.00	申请金额 50 000.00	订单金额 50 000.00	订单金额 50 000.00	收货金额 20 000.00	发货金额 20 000.00	入账金额 20 000.00	资金支付申请金额 23 4000.00
累计占用预算	承诺预算	采购申请	50 000.00	50 000.00						
		采购订单			50 000.00	50 000.00	30 000.00	30 000.00	30 000.00	
		工程物资					20 000.00			
	实际预算	实际成本						20 000.00	20 000.00	
	月度现金流量预算									23 400.00

1. 项目预算发布

按照预算编制流程，××公司完成对某110kV变电站项目的预算编制后，进行预算发布，项目预算为10万元。系统应用如图8-4所示。

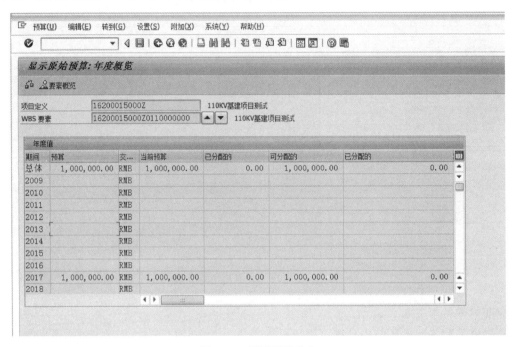

图8-4 项目预算发布

2. 创建采购申请

申请采购5台设备，评估价格为1万元/台，采购申请创建后占用项目承诺预算。系统应用如图8-5、图8-6所示。

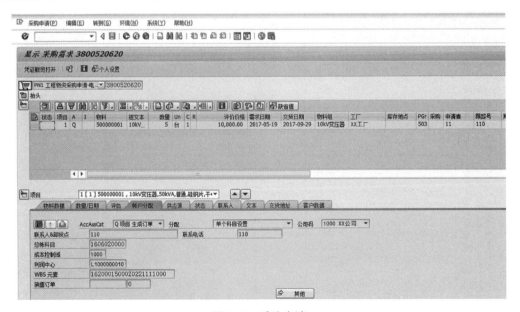

图8-5 采购申请

图 8-6 采购申请创建后的预算占用

3. 创建采购订单

预算仍保持为承诺预算。系统应用如图 8-7、图 8-8 所示。

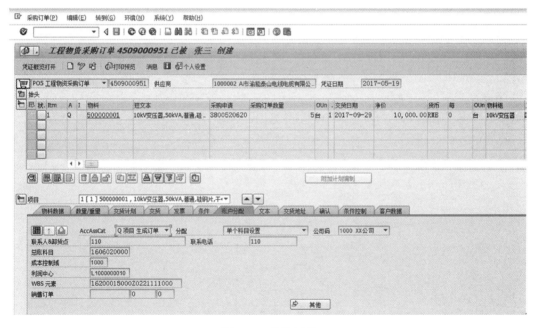

图 8-7 采购订单

4. 进行部分收货

收货 2 台设备，预算仍在承诺预算。系统应用如图 8-9、图 8-10 所示。

5. 预留发货

发货部分的预算从承诺预算转为实际成本预算。系统应用如图 8-11、图 8-12 所示。

图 8-8　采购订单创建后的预算占用

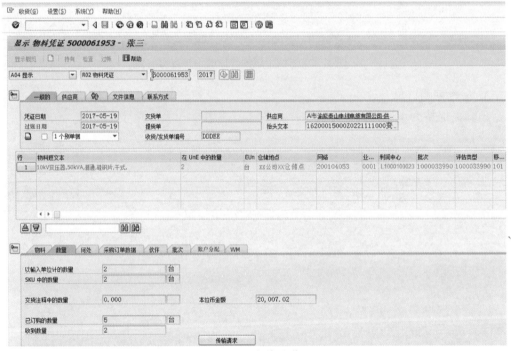

图 8-9　物资收货

图 8-10　收货后的预算占用

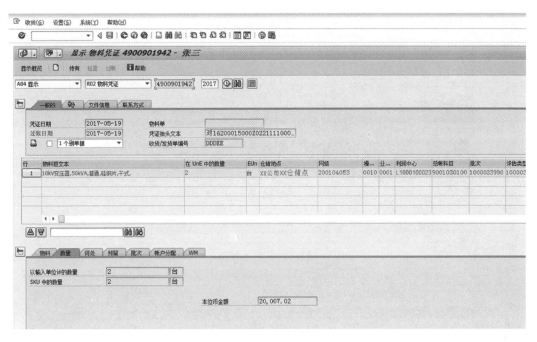

图 8-11 预留发货

图 8-12 预留发货后的预算占用

6. 发票校验

根据供应商开具的发票进行发票校验,预算占用的是实际成本预算。系统应用如图 8-13、图 8-14 所示。

7. 供应商付款

对供应商发起付款申请,超出预算控制,系统进行告警。系统应用如图 8-15、图 8-16 所示。

图 8-13　发票校验

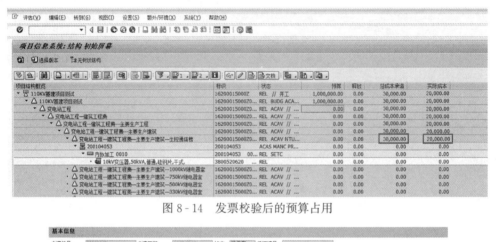

图 8-14　发票校验后的预算占用

图 8-15　供应商付款

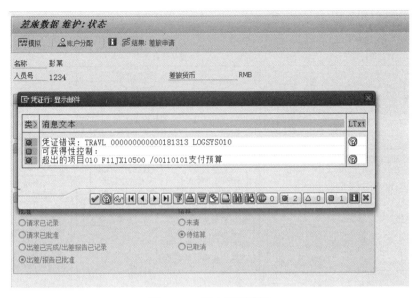

图 8-16 超出预算警报

8.2 资金管理

8.2.1 资金管理概述

资金是指电网企业在境内外生产经营以及投融资活动中形成的各类形态的可用于交易及结算的资金,主要包括现金、银行存款、金融票据、信用货币及其他金融工具。

电网企业资金管理是指银行账户、资金集中、资金结算、安全备付、融资运作、资金配置、金融衍生业务、资金安全、资金监控、检查考核等涉及资金相关业务的管理工作。资金管理的原则主要是划清固定资金、流动资金、专项资金的使用界限,一般不能相互流用。资金管理工作的核心是控制资金风险,确保资金安全。资金安全有狭义和广义的概念。在狭义上,资金安全是指存量资金能够正常周转,价值不发生减损。在广义上,资金安全还包括流量资金安全性和增量资金安全性。

电网企业资金管理的主要内容包含银行账户管理、资金支付管理、资金归集管理等,具体如下:

(1)银行账户管理:包含银行账户的开立、变更、注销管理等。银行账户管理以账户安全风险防范为前提,以信息管控为手段,实现银行账户管理从"点"到"线"的转变,确保银行账户依法合规、风险在控,为资金精益化管理提供有效支撑。

(2)资金支付管理:包含对资金支付的申请、审批、复核、对外支付等各环节的管控。资金支付应严格实行预算管理,确保各项收入及时、足额归集至上级集团账户。

(3)资金归集管理:是指银行按照电网企业的委托和归集方式,定期将归集账户的资金自动归集到指定汇总账户的服务。

8.2.2 电网企业资金管理流程

1. 银行账户管理流程

银行账户管理流程分为开设银行账户、变更银行账户和撤销银行账户,业务流程如

图 8-17 所示。

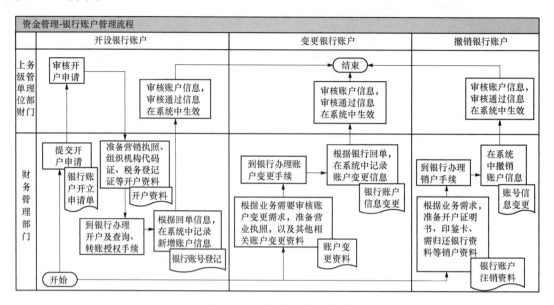

图 8-17　银行账户管理流程

银行账户管理流程要点及各部门职责如下：

（1）财务管理部门：根据业务需要提交银行账户开设、变更、撤销的申请，并准备相应账户资料，到银行办理相关银行账户手续，并在系统中维护银行账户信息。

（2）上级单位财务管理部门：审核银行账户开设、变更、撤销的申请。

2. 资金支付管理流程

资金支付管理流程主要涉及业务部门、账务管理部门和上级单位财务管理部门，总体流程如图 8-18 所示。

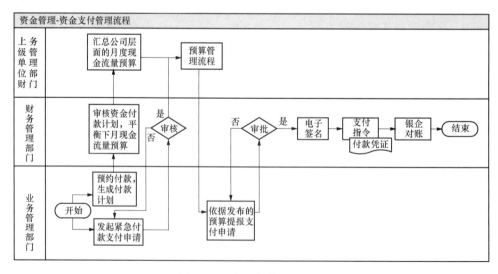

图 8-18　资金支付管理流程

资金支付管理流程要点及各部门职责如下：

（1）业务管理部门：根据资金支付需求，及时向财务部门提交预约付款申请，生成付款计划。依据发布的现金流量预算，提报资金支付申请。需当月付款的紧急需求，发起紧急付款申请，提交财务部门审核。

（2）财务管理部门：对业务部门提出的预约付款申请进行审批，汇总公司层面的月度现金流量预算，完成预算编制及发布流程；对业务部门的支付申请进行审批，复核资金支付手续及相关单据是否齐全，金额是否正确，支付方式、收款单位是否符合规定等，复核无误后，交由出纳人员办理支付手续。对业务部门发起的紧急支付申请进行审核，审核通过后发起预算调整流程。

（3）上级单位财务管理部门：负责汇总公司层面的月度现金流量，发起预算管理流程。

3. 资金自动归集管理流程

资金自动归集管理流程主要涉及上、下级单位的财务管理部门，总体流程如图 8-19 所示。

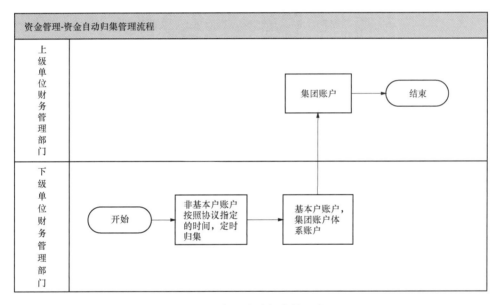

图 8-19　资金自动归集管理流程

资金自动归集各部门主要职责如下：

（1）下级单位财务管理部门：负责非基本账户资金及时横向集中到相应内部账户。

（2）上级单位财务管理部门：负责建立全面集中、统一管控的公司级集团账户体系，统筹安排资金业务资源。

8.2.3　ERP FICO 在资金管理中的应用

1. 银行账户管理

ERP FICO 在电网企业中，实行"一行一户"账户开立模式，依托主要合作商业银行现金管理系统，构建以集团账户为核心的账户管理体系。统一制定银行账户管控标准，对各级单位实施银行账户管控。对银行实行账户分级审批备案管理，下级单位银行账户开立须报上级单位审批，变更及撤销报上级单位备案。

【应用案例8-3】银行账户管理

××公司新增一个工商银行账户，发起银行账户申请流程，填写银行账号相关信息，领导审批通过后系统创建银行账户；根据银行账户信息，发起科目申请流程，审批通过后创建会计科目。银行账户创建后，发生付款业务。定期开展银行账户资金监测，防范企业风险。

（1）发起银行账户申请，审批通过后，创建银行账户。发起银行科目申请，创建银行科目。系统应用如图8-20～图8-23所示。

图8-20 创建银行账户

查看审批意见

业务说明	单位名称	所属部门	操作岗位	操作用户	操作时间	操作意见	操作类型	操作次序
填单	XX电网企业		账户管理岗	葛XX	2016-07-07 09:15:00	请批准	处理	1
审批	XX电网企业	资金管理处	资金主管	戴XX	2016-07-07 10:27:13	同意	处理	2
审批	XX电网企业		省公司资金专责	葛XX	2016-07-07 10:29:10	同意	完成	3

当前流程名称：银行账户开立登记（标准流程）

关闭

图8-21 账户创建审批

图 8 - 22　申请银行科目创建

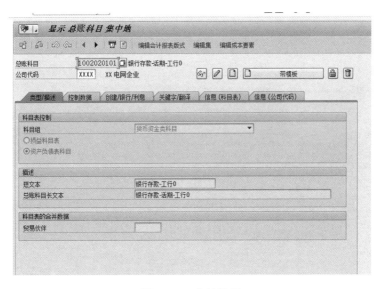

图 8 - 23　会计科目

（2）科目创建成功后，发生银行付款业务，生成付款凭证。系统应用如图 8 - 24 所示。

（3）建立完整的银行账户监控体系。

分析各单位银行账户可用余额在不同账户用途上的分布情况，按账户查看资金流动

凭证概览 - 显示

凭证类型 ：KR（ 供应商发票 ）常规文本
凭证编号 5004059 公司代码 1101 会计年度 2017
凭证日期 2017-05-05 过帐日期 2017-05-05 期间 05
计算税额 □
参考凭证 1 全部编号 0005004059HXXXXX
凭证货币 RMB
凭证抬头文本 工行市府分理处20170505上>

项	PK	科目	科目的简短说明	NP	总账账目	总账科目长文本	金额	成本中心	订单	分配	文本	税项
1	40	1002020101	银行存款-工行0		1002020101	银行存款-活期-工行0	77900000.00			上缴电费	工行市府分理处20170505上缴电费6881000001	
2	31	VSBTZ	XXXXX 电力公>		2243000000	内部往来	77900000.00-			20170505	工行市府分理处20170505上缴电费	

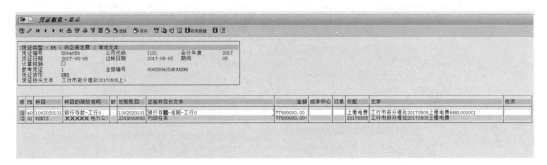

图 8-24 付款凭证

情况、账户日交易明细查询。系统应用如图 8-25、图 8-26 所示。

单位余额 单位收支 账户余额 账户收支 交易列表 未处理监控信息 处理中监控信息 已处理监控信息　货币单位：万元

单位	账号	当前余额	可用余额	余额日期	币种	银行	账户名称	单位性质	开户金融机构名称	账户用途
XX 电网企业	19048101040002040	57,205.28	57,205.28	2017-03-09	人民币	中国农业银行	XX 电网企业	参股企业	农行XX省分行营业部	银行账户用途\贷款账户\基建贷款
XX 电网企业	1202021009003400122	50.00	12,894.50	2017-03-09	人民币	中国工商银行	XX 电网企业	参股企业	中国工商银行XX体育场路支行	银行账户用途\贷款账户\基建贷款
XX 电网企业	1202021029900009973	579.48	579.48	2017-03-09	人民币	中国工商银行	XX 电网企业	参股企业	工行XX市体育场路支行	银行账户用途\其他账户\其他
XX 电网企业	1202021029900020470	0.00	199,978.14	2017-03-09	人民币	中国工商银行	XX 电网企业	参股企业	中国工商银行XX体育场路支行	银行账户用途\结算账户\生产经费和结算
XX 电网企业	33001619827053000245	0.00	34,537.02	2017-03-09	人民币	中国建设银行	XX 电网企业	参股企业	中国建设银行股份有限公司XXXX支行	银行账户用途\结算账户\生产经费和结算
XX 电网企业	33001619880050000123	48,774.88	48,774.88	2017-03-09	人民币	中国建设银行	XX 电网企业	参股企业	中国建设银行股份有限公司XXXXXX支行	银行账户用途\贷款账户\流动资金贷款
XX 电网企业	2121-03-21233086	61.67	61.67	2017-03-09	人民币	中国电力财务有限公司	XX 电网企业	参股企业	中国电力财务有限公司XX业务部	银行账户用途\其他账户\其他
XX 电网企业	2121-03-21260101	183,626.61	183,626.61	2017-03-09	人民币	中国电力财务有限公司	XX 电网企业	参股企业	中国电力财务有限公司XX业务部	银行账户用途\结算账户\生产经费和结算
XX 电网企业	2121-03-21260102	103,644.98	103,644.98	2017-03-09	人民币	中国电力财务有限公司	XX 电网企业	参股企业	中国电力财务有限公司XX业务部	银行账户用途\结算账户\基建工程
XX 电网企业	100483119520010001	10,952.00	10,952.00	2017-03-09	人民币	中国邮政储蓄	XX 电网企业	参股企业	中国邮政储蓄银行XX省分行XXXX支行	银行账户用途\贷款账户\流动资金贷款
XX 电网企业	400058345726	44,891.23	640.98	2017-03-09	人民币	中国银行	XX 电网企业	参股企业	中国银行XX省分行	银行账户用途\贷款账户\基建贷款
XX 电网企业	331066110010010000110	8,176.64	8,176.64	2017-03-09	人民币	交通银行	XX 电网企业	参股企业	交通银行浙江省分行营业部	银行账户用途\贷款账户\流动资金贷款
XX 电网企业	76920188000184088	365.63	100,365.63	2017-03-09	人民币	光大银行	XX 电网企业	参股企业	光大银行XXXX路支行	银行账户用途\贷款账户\流动资金贷款
XX 电网企业	201000159071812	6,225.54	6,225.54	2017-03-09	人民币	农村信用合作社	XX 电网企业	参股企业	XX联合农村商业银行股份有限公司营业部	银行账户用途\贷款账户\流动资金贷款
XX 电网企业	19048101040014284	1,169.15	1,169.15	2017-03-09	人民币	中国农业银行	XX 电网企业	参股企业	中国农业银行XX省分行营业部营业中心	银行账户用途\收入账户\电费
XX 电网企业	1202020109004340141	0.00	8,355.09	2017-03-09	人民币	中国工商银行	XX 电网企业	参股企业	中国工商银行XXXXXX支行	银行账户用途\结算账户\生产经费和结算
XX 电网企业	1202020129900018173	2,543.97	2,543.97	2017-03-09	人民币	中国工商银行	XX 电网企业	参股企业	中国工商银行XXXXXX支行	银行账户用途\收入账户\电费
XX 电网企业	1202021019900024270	357.82	357.82	2017-03-09	人民币	中国工商银行	XX 电网企业	参股企业	中国工商银行XXXXXX支行	银行账户用途\收入账户\其他收入
XX 电网企业	33001619880050000070	1,047.44	1,047.44	2017-03-09	人民币	中国建设银行	XX 电网企业	参股企业	中国建设银行股份有限公司XXXXXX支行	银行账户用途\收入账户\电费
XX 电网企业	33001619880053000165	0.00	421.69	2017-03-09	人民币	中国建设银行	XX 电网企业	参股企业	中国建设银行股份有限公司XXXXXX支行	银行账户用途\收入账户\其他收入
XX 电网企业	2121-03-21260202	10,614.94	10,614.94	2017-03-09	人民币	中国电力财务有限公司	XX 电网企业	参股企业	中国电力财务有限公司XX业务部	银行账户用途\结算账户\基建工程
		481,926.62	793,812.81							

图 8-25 银行账户余额

单位余额 单位收支 账户余额 账户收支 交易列表 未处理监控信息 处理中监控信息 已处理监控信息

交易日期	单位	账号	对方账号	摘要	对方单位	收入	支出	交易后余额
2017-03-07 17:33:17	XX 电网企业	331066110010010000110	336006110012015200978	581400定时归集	XX 电网企业	29.00		0.00
2017-03-07 17:33:17	XX 电网企业	331066110010010000110	334607000018170008877	581400定时归集	XX 电网企业	443.00		0.00
2017-03-07 17:33:17	XX 电网企业	331066110010010000110	333501000018000015920	581400定时归集	XX 电网企业	53.00		0.00
2017-03-07 17:33:17	XX 电网企业	331066110010010000110	331066110018000717565	581400定时归集	XX 电网企业	34.00		0.00
2017-03-07 17:33:17	XX 电网企业	331066110010010000110	332006273018010015631	581400定时归集	XX 电网企业	243.00		0.00
2017-03-06 17:33:18	XX 电网企业	331066110010010000110	334607000018170008877	581400定时归集	XX 电网企业	384.00		5,436.64
2017-03-06 17:33:18	XX 电网企业	331066110010010000110	331066110018000717565	581400定时归集	XX 电网企业	758.00		7,374.64
2017-03-06 17:33:18	XX 电网企业	331066110010010000110	332006273018010015631	581400定时归集	XX 电网企业	652.00		6,616.64
2017-03-06 17:33:18	XX 电网企业	331066110010010000110	336006110012015200978	581400定时归集	XX 电网企业	1,212.00		5,052.64
2017-03-06 17:33:18	XX 电网企业	331066110010010000110	333501000018000015920	581400定时归集	XX 电网企业	528.00		5,964.64
2017-03-03 17:33:15	XX 电网企业	331066110010010000110	333501000018000015920	581400定时归集	XX 电网企业	17.00		3,601.64
2017-03-03 17:33:15	XX 电网企业	331066110010010000110	336006110012015200978	581400定时归集	XX 电网企业	168.00		2,471.64
2017-03-03 17:33:15	XX 电网企业	331066110010010000110	334607000018170008877	581400定时归集	XX 电网企业	1,113.00		3,584.64
2017-03-03 17:33:15	XX 电网企业	331066110010010000110	332006273018010015631	581400定时归集	XX 电网企业	222.00		3,823.64
2017-03-03 17:33:15	XX 电网企业	331066110010010000110	331066110018000717565	581400定时归集	XX 电网企业	17.00		3,840.64
2017-03-02 17:33:14	XX 电网企业	331066110010010000110	332006273018010015631	581400定时归集	XX 电网企业	280.00		0.00
2017-03-02 17:33:14	XX 电网企业	331066110010010000110	333501000018000015920	581400定时归集	XX 电网企业	12.00		0.00
2017-03-02 17:33:14	XX 电网企业	331066110010010000110	331066110018000717565	581400定时归集	XX 电网企业	108.00		0.00
2017-03-02 17:33:14	XX 电网企业	331066110010010000110	336006110012015200978	581400定时归集	XX 电网企业	887.00		0.00
2017-03-02 17:33:14	XX 电网企业	331066110010010000110	334607000018170008877	581400定时归集	XX 电网企业	554.00		0.00
						7,694.00	0	47,767.40

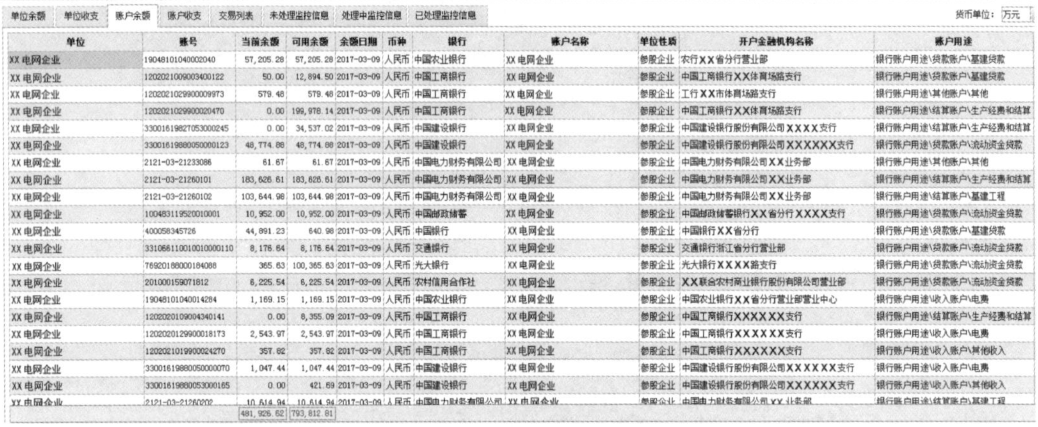

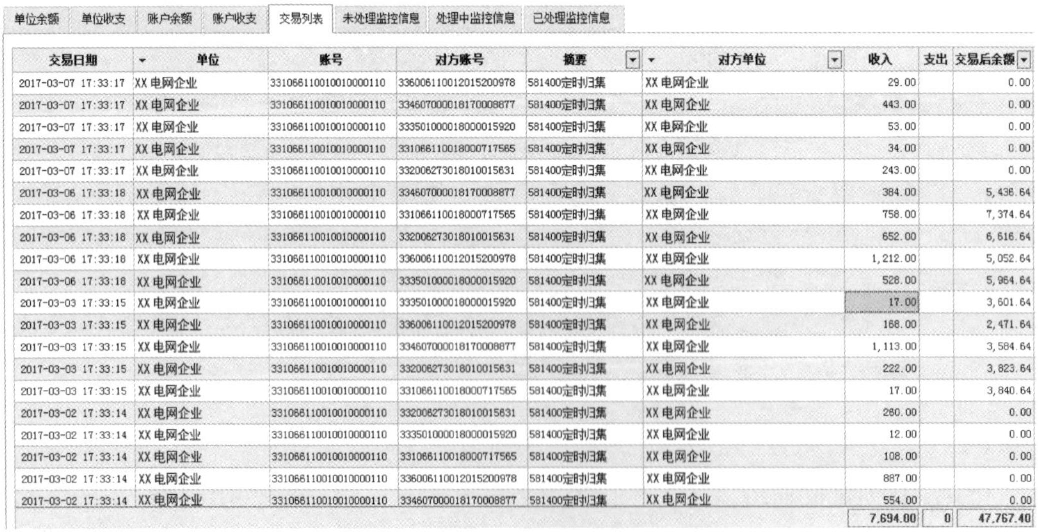

图 8-26 交易明细

2. 资金支付流程

电网企业在 ERP FICO 的资金支付应用中，构建了资金支付平台，将资金支付计划与月度现金流量的预算编制融合到一起，加强支付业务核算管理，必须取得经银行确认的真实、合法、有效的凭证作为账务处理的依据。要加强对支付单据的审核和监督，对不真实、不合法、不准确、不完整、无预算及预算超支的单据不予受理。要及时登记、生成现金及银行存款日记账。要加强支付档案管理，严防支付档案毁损、遗失或被篡改。

【应用案例 8 - 4】供应商付款

××公司业务管理部门预计在 2019 年 3 月对 A 供应商付一笔安全费，2019 年 2 月 18 日业务管理部门在系统中发起了一笔对供应商的资金支付申请，财务审核后，于 2019 年 3 月 13 日对供应商付款。

(1) 发起资金支付申请。2019 年 2 月 18 日业务部门提起资金支付申请，生成下月的资金计划。系统应用如图 8 - 27、图 8 - 28 所示。

图 8 - 27 资金支付申请

付款预约单据详细清单

人员编号	一期单据编号	提报人姓名	成本中心	单据状态	日期	管控预算科目	管控预算科目描述	金额	预约付款日期	是否紧急支付
35000154	1000082625	张XX	安全监察质量部（保卫部）	已过账	2019.02.18	1202744	安全费	122,655.00	2019.03.28	
35000154	1000082626	张XX	安全监察质量部（保卫部）	已提交	2019.02.19	1202744	安全费	1,521,945.00	2019.03.28	
35000594	1000082659	严XX	安全监察质量部（保卫部）	已过账	2019.02.22	1202744	安全费	886,120.00	2019.03.01	
35000609	1000082671	张XX	客户服务中心专业管理室	已提交	2019.02.25	1202713	委托运行维护费_系统内单位	4,384,467.25	2019.03.08	
35001109	1000082674	杨XX	综合服务中心综合室	已过账	2019.02.25	1202713	委托运行维护费_系统内单位	1,300,000.00	2019.03.12	
35001160	1000082598	应XX	客户服务中心营业及电费室	已保存	2019.02.15	1202717	其他费用性现金支出-其他	296,800.00	2019.03.15	
35001160	1000082669	应XX	客户服务中心营业及电费室	已保存	2019.02.22	1202717	其他费用性现金支出-其他	477,000.00	2019.03.31	
35001160	1000082670	应XX	客户服务中心营业及电费室	已保存	2019.02.22	1202717	其他费用性现金支出-其他	100,000.00	2019.03.31	
35001214	1000082579	盛XX	XX客服分中心营业班	已过账	2019.02.12	1202717	其他费用性现金支出-其他	25,692.81	2019.03.01	
35001214	1000082600	盛XX	XX客服分中心营业班	已过账	2019.02.12	1202717	其他费用性现金支出-其他	129,603.21	2019.03.01	是
35001214	1000082601	盛XX	XX客服分中心营业班	已提交	2019.02.12	1202717	其他费用性现金支出-其他	129,603.21	2019.03.08	
35001214	1000082602	盛XX	XX客服分中心营业班	已提交	2019.02.12	1202717	其他费用性现金支出-其他	25,692.81	2019.03.08	

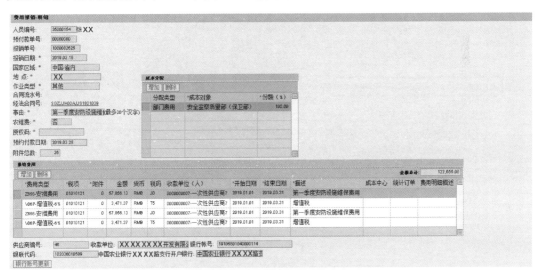

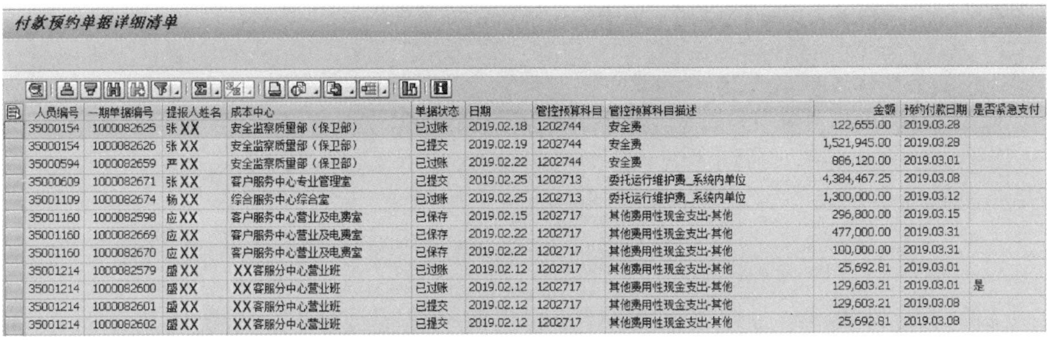

图 8 - 28 资金计划清单

（2）3月13日财务对供应商的付款，生成支付凭证。系统应用如图8-29、图8-30所示。

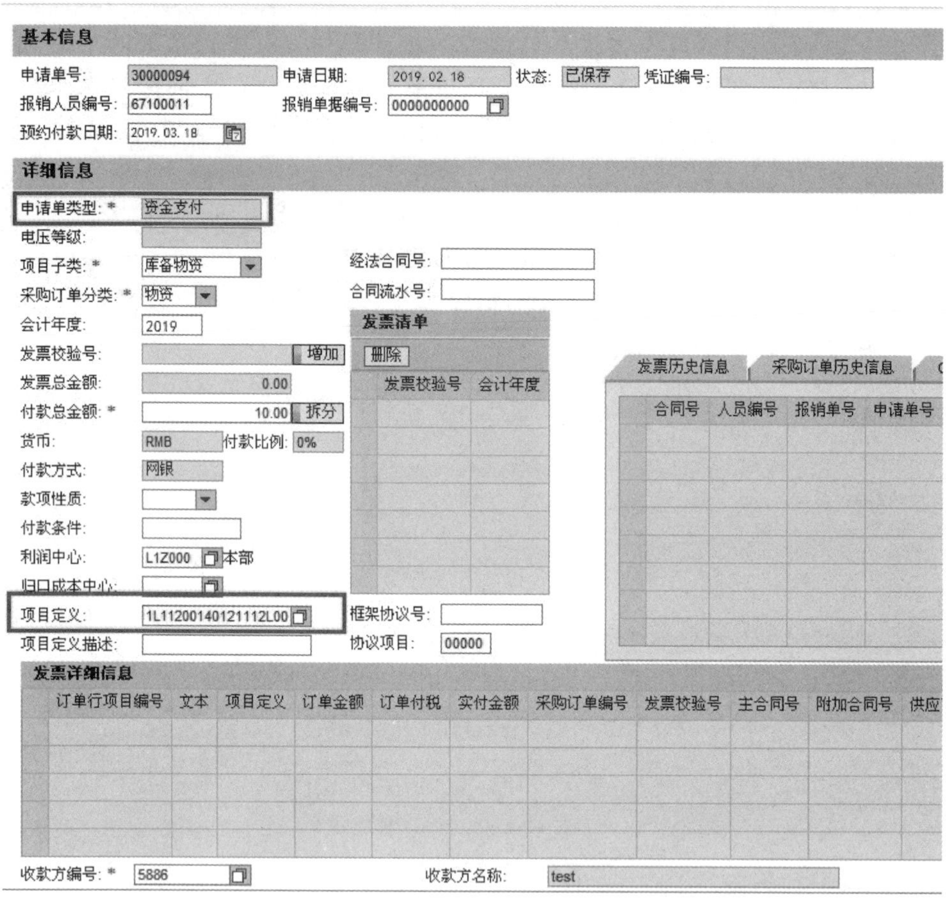

图8-29 供应商付款

图8-30 会计凭证

（3）银行付款。2019年3月13日银行汇款至供应商账户。系统应用如图8-31所示。

图 8-31　银行支付状态

财务报告

财务报告是反映企业某一特定日期财务状况和某一会计期间经营成果、现金流量的文件。财务报告可以全面系统地揭示企业一定时期的财务状况，有利于经营管理人员了解本单位各项任务指标的完成情况，评价管理人员的经营业绩，以便及时发现问题，调整经营方向，制定措施，改善经营管理水平，提高经济效益，为经济预测和决策提供依据。本章主要阐述财务报告编制、审核、上报的相关业务流程，并通过 ERP FICO 实现对财务报表的标准化管理。

9.1.1 财务报告概述

财务报告是一个完整的报告体系，由会计报表、会计报表附注和财务情况说明书构成。电网企业财务报告包括财务报表和其他应在财务报告中披露的相关信息和资料。财务报表包括财务快报、月（季）度报表、年度决算报表等；在财务报告中披露的相关信息和资料包括财务情况说明书、财务决算专项说明、财务分析报告等。

1. 财务快报

财务快报主要包括资产负债表、利润表、现金流量表、成本费用表、其他指标表、业务预算执行情况表等。资产负债表主要反映企业在某一特定日期资产、负债和所有者权益的情况；利润表反映企业在一定会计期间的经营成果；现金流量表反映一定时期内企业经营活动、投资活动和筹资活动对其现金及现金等价物所产生的影响；成本费用表反映企业生产费用和产品成本的构成情况；其他指标表反映企业户数情况、经济增加值等主要经济指标、劳动生产总值等综合信息指标、购售电指标、人员及薪酬情况、固定资产投资情况等；业务预算执行情况表反映各类业务预算实际财务支出和综合计划形象进度情况。

2. 月（季）度报表

月（季）度报表主要包括资产负债表、利润表、电力产品主营业务成本表、营业外收入及营业外支出表、财务费用表、应付职工薪酬表、应交税费情况表、购入电力费表、电力销售分时情况明细表、电力经济技术指标表、在建工程明细表等。其中电力产品主营业务成本表反映电力生产企业主营业务成本构成情况；营业外收入及营业外支出表反映企业营业外收入、营业外支出的构成情况；财务费用表反映企业财务费用的构成情况；应付职工薪酬表反映企业负担和实际发放的应付职工薪酬构成情况；应交税费情况表反映企业税费及应交款项的缴、纳情况，包括增值税、企业所得税等类别；购入电力费表反映购入电量、电费（不含税）的构成情况；电力销售分时情况明细表反映不同用电类别、电压等级的售电量、售电收入、销售价格、基金及附加、农村低压电网维护费；电力经济技术指标表反映电力企业售、购电量及电价、线损、输配电成本、售电成本等技术经济指标完成情况；在建工程明细表反映企业基建工程、技改工程、科技项目等在建工程的增减变动及减值准备计提情况。

3. 年度决算报表

决算报表主要包括资产负债表、利润表、现金流量表、所有者权益变动表、应收款项情况表、应付及预收款项情况表、长期股权投资表、存货情况表、成本费用情况表、固定资产及累计折旧表、资产损失管理情况表、会计报表附注等。其中所有者权益变动表反映企业所有者权益的各组成部分本年和上年年初调整及本年和上年增减变动的情况；应收款项情况表反映企业按账龄分类的应收账款、其他应收款、长期应收款、逾期应收款项等年初、年末数与坏账准备计提情况；应付及预收款项情况表反映"应付账款""其他应付款""预收账款""应付票据""长期应付款""专项应付款"等应付款项的款项性质、账龄、年初年末余额情况；长期股权投资表反映企业长期股权投资增减变动、投资收益、减值准备计提及核算方法等情况；存货情况表反映企业原材料、自制半成品及在产品、库存商品（产成品）等主要存货的质量情况以及执行建造合同准则的企业和房地产企业的存货情况；成本费用情况表反映企业本年度发生的成本费用总额、构成情况；固定资产及累计折旧表反映固定资产原值、累计折旧、减值准备及折旧计提情况；资产损失管理情况表反映企业资产损失及资产减值准备的情况。

会计报表附注是对在资产负债表、利润表、现金流量表和所有者权益变动表等报表中列示项目的文字描述或明细资料，以及未能在这些报表中列示项目的说明等，企业应当按照规定披露附注信息，主要包括企业的基本情况、财务报表的编制基础、遵循企业会计准则的声明、重要会计政策、会计估计的说明、会计政策、会计估计变更以及差错更正的说明、重要报表项目的说明等。

4. 财务情况说明书

财务情况说明书是年度财务会计决算报告的重要组成部分，以财务指标和相关统计指标为主要依据，对本年度资产质量、财务状况、经营成果等情况进行分析说明，客观反映企业运营特点及发展趋势。主要包括企业基本情况分析、生产经营情况分析、企业经济效益分析、现金流情况分析、所有者权益变动情况分析等内容。

5. 财务决算专项说明

财务决算专项说明是企业向国资委报送的年度财务决算报告的重要组成部分，需经中介机构审计或复核，并由中介机构按特殊事项发表审计意见，主要包括期初重大调整事项说明、非经常性损益的说明、高风险业务的说明、国有资本保值增值的情况、资产损失管理情况说明、企业对外借款情况等内容。

6. 财务分析报告

财务分析报告是依据财务报表及其他相关信息资料对企业财务状况的总体分析，一般包括对月（季）度或年度报表数据异常波动原因的分析，对财务预算执行情况的分析，对重要非经常性损益形成原因及金额的分析，对重大财务事项产生影响的分析以及企业经营面临的困难、建议、应对措施等内容。

9.1.2　电网企业财务报告管理流程

电网企业财务报告管理流程主要涉及集团公司、分公司、子公司的报表会计、财务主任、总经理/总会计师，总体流程如图9-1所示。

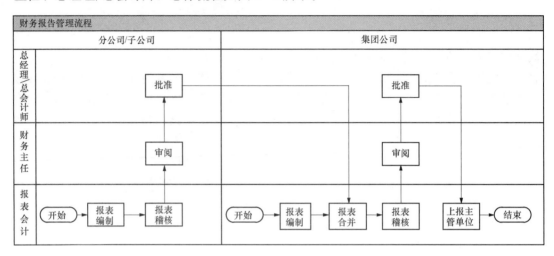

图9-1　财务报告管理流程

财务报告管理流程要点及各部门职责如下：

（1）分公司/子公司报表会计：编制财务报告，稽核报表准确性。

（2）分公司/子公司财务主任：复核并审批财务报告。

（3）分公司/子公司总经理/总会计师：批准财务报告。

（4）集团公司财务报表会计：编制财务报告，合并财务报告，稽核报表准确性，报送财务报告至上级主管单位。

（5）集团公司财务主任：复核并审批财务报告。

（6）集团公司总经理/总会计师：批准财务报告。

9.1.3　ERP FICO在财务报告中的应用

电网企业ERP FICO在财务报告中的应用，分为编制、审核、上报。在日常业务应用中，相关业务部门以报表及其他资料为依据，采用一定的分析技术和方法，开展相应的企业经营情况分析。本小节从财务快报的主要报表编制及稽核上报等方面介绍财务报告的应用情况。

【应用案例9-1】2019年3月，××电网企业下属分公司报表会计在财务月结后，编制并稽核财务快报，分公司领导审阅后上报集团公司。

1. 报表编制

报表会计在系统中编制财务快报，系统应用如图9-2、图9-3所示。

2. 报表稽核

报表完成后，进行报表的逻辑性、合理性、真实性稽核。系统应用如图9-4所示。

3. 报表上报

分公司稽核后，上报集团公司。系统应用如图9-5所示。

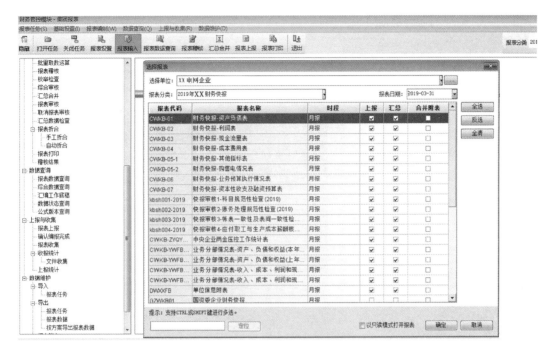

图 9-2　报表输入

图 9-3　编制资产负债表

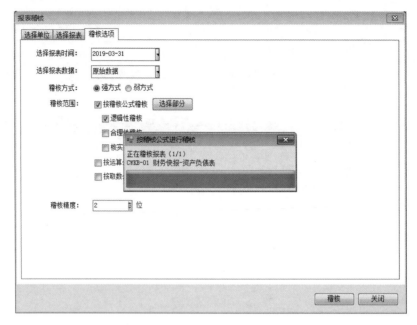

图 9-4　报表稽核

图 9-5　报表上报

ERP FICO 业务数据的价值挖掘

电网企业在建设信息化、智能化企业的过程中，积累了海量的业务数据。随着财务管理信息化和集约化水平的不断提升，电网企业对 ERP FICO 的期望越来越高。ERP FICO 系统中数据保持高速增长，这些数据在"大云物移智"理念的催化下，正迸发出新的生命力。本章以成果应用场景为切入点，从问题识别、风险管控、辅助决策等方面挖掘 ERP FICO 业务数据价值，探索业务运行规律，不断提升公司经营管理水平，为企业管理转型和提质增效提供支撑。

10.1 场景一：数据驱动农维费科学核定与智能决策

10.1.1 挖掘目标的提出

当前，农维费核定主要呈现核定模式标准不清晰、适用性难以体现区域地形与环境差异、与实际业务存在脱节、难以体现运维作业与实际成本需要间的关联等现象。本研究基于现有的营配调财各专业系统明细数据以及社会经济相关数据，引入"数据驱动"及"模型化"概念，运用大数据分析方法，开展农维费关键影响因素挖掘分析、农维费测算与核定分析、农维费与社会经济发展相关性分析，提升农维费的测算效率和核定结果的科学性、合理性，为农维费精准性投放和支撑输配电价机制改革提供辅助决策支持。

10.1.2 挖掘做法与过程

1. 数据采集

ERP FICO 系统中的费用明细数据、PMS2.0、电力营销业务应用系统中电网规模基础信息、用户规模数据及地区类别等明细数据。

2. 数据处理

采用动因分析法和作业成本法对农维费各类费用构成进行逐项分解，确定影响参数，量化参数因子，科学确定计算公式，进而构建测算模型。结合现有营配调财等业务数据，对农维费进行测算，通过 PDCA［是英语单词 Plan（计划）、Do（执行）、Check（检查）和 Act（处理）的第一个字母，PDCA 循环就是按照这样的顺序进行质量管理，并且循环不止地进行下去的科学程序］质量管理方法对量化因子和数据模型进行迭代优化，实现农维费的科学测算与核定。

3. 挖掘视角

（1）视角 1：农维费关键影响因素挖掘分析。

基于 ABC 分类法将农村电网维护费分为三类：

A 类（主要影响因素）人工成本。主要是因为整个农维费中人工成本是农村电网维护费内最大也是最为刚性的费用，影响农村电网安全稳定。因此研究过程中重点考虑了人工成本的核定。

B 类（次要影响因素）其他运营费用。具体分为材料费、检修费、其他费用。

C 类（一般影响因素），主要为税金及管理费。

结合动因分析法，影响农维费的人工成本主要为乡镇及农村 10kV 配电线路运行维护与检修，乡镇及农村 0.4kV 配电线路运行维护与检修，乡镇及农村 0.4kV 营销服务，供电所综合业务四类人员的规模。其中乡镇及农村 10kV 配电线路运行维护与检修定员测算主要依据乡镇及农村百公里 10（6）kV 线路平均配电变压器数；乡镇及农村 0.4kV 配电线路运行维护与检修定员以及乡镇及农村 0.4kV 营销服务定员测算主要依据乡镇及农村公用配电变压器平均 0.4kV 用户数；供电站综合业务定员测算主要依据供电站平均用户数。

（2）视角 2：农维费测算与核定分析。

基于视角 1，采用动因分析法和作业成本法对农维费各类费用构成进行逐项分解，确定影响参数，量化参数因子，科学确定计算公式，进而构建农维费测算模型。同时，为确保测算模型的科学性和合理性，基于 PDCA 质量管理方法完成农维费测算模型的搭建、测算和回归分析，支撑农维费智能决策。

基于模型测算，以 2015—2017 年为统计期间，统计分析某地区各单位年度农维费分布及增长趋势。其中，2017 年单位一增长幅度较大，单位二 2016—2017 年费用则基本持平。

农维费费用构成分析见图 10-1。

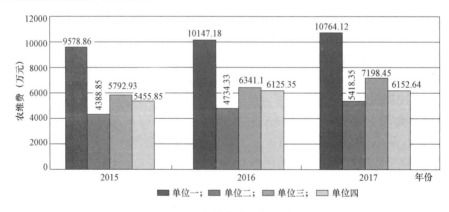

图 10-1 农维费费用构成分析

基于某省三年的农维费组成比例进行分析，三部分费用构成比例相对均衡，且增长趋势趋于缓和。其中，A 类增长趋势收窄，B 类增长趋势加大。

农维费构成态势分布与趋势分析如图 10-2 所示。

（3）视角 3：农维费与社会经济发展相关性分析。

建立农维费测算结果与浙江地区同时期居民消费价格指数（Consumer Price Index，CPI）、国内生产总值（Gross Domestic Product，GDP）、平均工资等社会经济数据指标相关性分析，在确保某省农村电网维护总体费用能够实现平稳过渡的同时，为后期的农

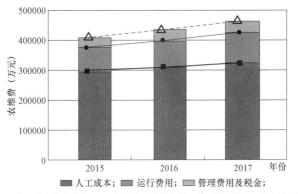

图 10-2 农维费构成态势分布与趋势分析

维补贴以及经济发展趋势提供辅助决策。

选取 2014—2017 年某省各供电辖区 CPI、GDP、平均工资及农维费测算数据，测算 2015、2016、2017 年各指标数据年平均增长率，并进行比对分析。

某省农维费与社会经济相关指标分析如图 10-3 所示。

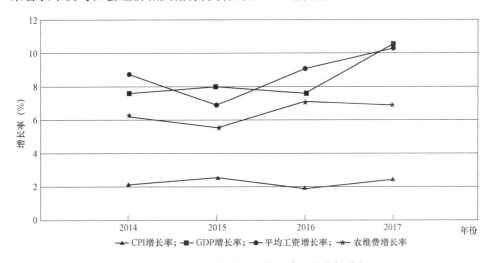

图 10-3 某省农维费与社会经济相关指标分析

2014—2017 年的 4 年间，某省农维费增速与浙江省社会平均工资增速一直保持同向变动，与某省 CPI 增速、某省 GDP 增速则保持较高的相关性。CPI、GDP、平均工资指数变动对农维费增速的影响是正向的。经济增长能够引起农维费用的增加；反之，农维费用增长在一定程度上也有助于经济增长。

【应用案例 10-1】基于某电网企业营配调财（营销、配网、调度、财务）各专业系统中的明细数据及社会经济相关数据，深入研究农维费的构成比例，详细剖析了各部分费用来源与算法公式，构建了农维费科学测算模型，为农维费精准性投放和支撑输配电价机制改革提供辅助决策支持：一是全面梳理明确农村电网维护支出范围、标准以及各项依据，真实、完整地体现各单位农村电网维护支出；二是形成规范化数据测算模型及基础数据获取规则，为科学测算农网维护支出，加强预算管控提供了有效的数据支撑；三是通过农维费与社会经济指标相关性分析，明确了CPI、GDP、平均工资等社会经济指标对农维费增速呈现正向相关，进一步反向论证农维费测算结果的合理性。

10.2 场景二：基于价值管理视角的计量资产全寿命周期管控

10.2.1 挖掘目标的提出

计量资产全寿命周期管理面向的对象是电能表、采集终端和低压电流互感器等，按照全寿命周期管理理念，从表计配送入库、领用出库、安装运行、资产报废等环节进行数据挖掘、分析成因，查找计量资产管理过程中的"以领代耗"问题、ERP物资管理中的"虚领虚出"问题、计量资产项目管理的"施工进度不匹配问题"、计量资产报废核算不配比等问题；从入库核对、联合开展盘点、强化营销项目管理等方面加强风险管控，建议将表计资产纳入物资库存管理，考虑营销系统与ERP系统中计量资产管理模块协同作业。

10.2.2 挖掘做法与过程

1. 数据采集

电力营销系统中计量资产管理模块、ERP系统中的物料管理模块（MM模块）、ERP系统中的财务管理模块（FICO模块）的明细数据。

2. 数据处理

通过分析营销系统中计量资产实际配送入库、出库、安装、报废实际情况，对比ERP中的计量资产的入库、出库、库存管理物资管理数据，结合ERP系统中计量项目预算、项目结算、报废收支的核算数据对比。

3. 挖掘视角

（1）视角1：计量资产实际配送入库与ERP物资入库。

1）实际配送入库：一种情况是由省计量中心根据各公司需求计划及里程碑方案进行配送，县公司计量班根据实际接收的表计入库，并在营销系统中进行登记；另一种情况是各县公司之间计量资产借用入库。

2）ERP物资入库：一是省计量中心配送的计量资产部分，县公司计量资产的入库操作由省公司销售联动操作完成，县公司物资部门根据自动生成的入库清单，要求计量部门确认核对计量表计资产是否配送到位；二是县公司计量部门之间的借用资产或调拨资产，物资部门不作入库。

图10-4 计量装置配送管理阶段流程图

计量装置配送管理阶段流程如图10-4所示。

3）数据分析：实际配送入库计量资产与ERP系统中入库计量资产数量、类别、时间不一致。一是影响到财务存货入库金额，进一步可能影响后续的计量资产结算及核算准确性，存在安全隐患和资金结算风险；二是县公司计量部门之间的应急调拨或借用的计量资产未纳入公司的物资管理和财务管理，游离于企业账务核算之外，存在财务风险。

（2）视角 2：计量资产实际出库与 ERP 物资出库。

1）实际出库：一种情况是由县公司计量班按照表计轮换计划进行分配轮换安装，实际领用出库；另一种情况出库主要是临时应急，县公司计量班之间的调拨或借出出库。出入库管理阶段如图 10 - 5 所示。

2）ERP 物资出库：通过 ERP 系统中 PM 模块创建预留信息，开具领料单，完成发料操作，集成产生财务会计凭证，形成计量资产项目的成本费用。

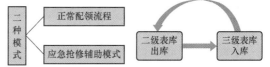

图 10 - 5　出入库管理阶段

3）数据分析：实际出库计量资产与 ERP 系统中出库计量资产数量、出库时间不一致。一是物资出库是根据已经配送到位的物资采用集中领料模式，全部由营销部门领出，形成了公司营销表计项目的费用，实际出库是根据轮换计划安装领用的；二是临时应急调拨或借出的表计资产有实际出库，但物资部门、财务部门均无对应的出库和核算记录。

（3）视角 3：计量资产实际库存与 ERP 物资库存。

1）实际库存：由县公司计量班按照表计配送、调拨借入，轮换安装、调拨借出进行入库、出库操作，最终形成计量资产的库存。

2）ERP 物资库存：物资库存中由于一次性按照配送清单情况，领用出库 ERP 系统中无库存余额。

3）数据分析：实际计量资产库存数量与 ERP 系统中计量资产库存数量不一致。一是存在实际已配送到现场而 ERP 系统中未完成销售联动入库，属时间性差异，存在会计跨期风险；二是实际计量资产的轮换尚未完成领料操作，存在以领代耗风险；三是临时应急借用调拨的表计资产为纳入物资、财务管理，形成的账外表计资产。

（4）视角 4：计量资产实际进度与 ERP 账务进度施工进度确认。

1）实际进度：计量资产出库安装可以进行业务外委或施工外委，县公司每年根据实际情况安排计量资产表计项目，除了甲供物料支出之外，还存在施工安装费。

2）ERP 财务进度：营销部门根据表计轮换进度，确认项目进度，由施工单位开具发票至财务部门完成发票校验，确认表计项目的施工成本。表计工程进度偏差如图 10 - 6 所示。

图 10 - 6　表计工程进度偏差率

3）数据分析：实际计量资产安装数量与 ERP 系统中计量资产项目施工安装数量不一致。ERP 系统中计量资产项目施工安装数量与营销系统中计量资产领用安装数量不一致，存在提前确认工程施工费风险，影响项目核算准确度，实际项目成本与施工进度不匹配。

（5）视角 5：计量资产实物报废与物资报废管理。

计量资产实物运行过程中存在质量问题经检测需要报废的情况，计量班根据报废拆旧情况报经相关部门审批，完成营销系统中的报废计量资产的操作，同时与物资部门进行联系，将实际需报废的计量资产实物转至物资部门，由物资部门按照集中招投标的要求组织招投标销售，并完成 ERP 系统中销售废旧物资的操作，财务部门开具发票并根据实际收到的废旧款项进行会计核算。拆回报废阶段流程如图10-7所示。

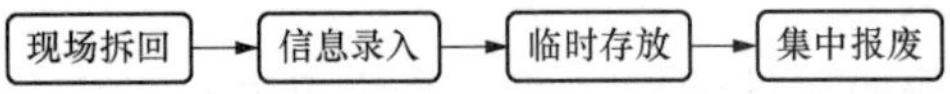

现场拆回 → 信息录入 → 临时存放 → 集中报废

图10-7 拆回报废阶段流程图

数据分析：实际计量资产实物报废数量与ERP系统中计量资产报废数量不一致。计量班根据报废拆旧情况报经审批，完成营销系统中的报废计量资产操作；实际需报废的计量资产实物未足额转至物资部门或者提供的计量资产报废清单数据不准确，导致公司报废收入少计。财务根据账面计入资产的三相表，按固定资产报废流程报废，确认损益，但实物无报废。

【应用案例10-2】某电网公司在运表计443.70万只，各类采集设备采集器56.70万台，表箱200.82万只。以电能表计资产为对象，通过一系列举措来加强计量资产全寿命周期管控：一是通过加强计量资产的入库核对，规范调拨借用表计资产流程；二是定期开展计量资产联合盘点工作；三是根据计量资产实际领用来确定计量资产项目的施工费用。同时，建议业务部门将计量资产仓储纳入物资一级仓库管理，强化营销系统与ERP系统计量资产收发集成功能，实现表计资产管理实物流与资金流的一致，确保价值管理规范。

10.3 场景三：基于"业财融合"的企业价值链模型

10.3.1 挖掘目标的提出

随着电力体制改革的全面启动，现行电网企业的盈利模式和服务方式面临新的挑战，传统核算型财务模式已经很难适应形势变化，业务和财务相结合的管理型财务模式已经成为当前企业管理的必然要求。通过构建一种企业价值链管理模型，打破原有专业壁垒，以企业核心经营指标为抓手，构建价值驱动的勾稽关系，并穿透至业务明细，实现从财务末端向业务前端的追溯，为后续电力体制改革中的业务推演与价值创造提供科学合理的途径和手段。

10.3.2 挖掘做法与过程

1. 数据采集

获取ERP系统、电力营销业务应用系统、财务管控系统的访问权限，抽取模型范围内所有信息，所提取的字段信息包括主营业务收入、售电量、应收电费、高可靠性供电收入、临时接电收入、其他业务收入、主营业务成本、购电成本等。

2. 数据处理

根据模型计算出来的指标数值，按照自下而上的顺序，与财务管控系统进行核对，如误差较大，检查取数科目和计算公式并进行修正，直到所有指标的比对误差在允许范围。

3. 挖掘视角

（1）视角1：EVA及其驱动因子。

该视角以EVA为中心，对相关财务指标进行全面梳理，构建涵盖主营业务收入、成本、利润、资本成本等61个主要财务指标的勾稽关系，并对各指标价值驱动因子展开关联分析。在具体实现时，按照组织、时间、指标3个维度进行分解。

依据财务数据计算逻辑结合业务分析的关键点，对EVA指标进行了分解。目前共分解为7层61个指标。这些指标分为三类：

1）抽取ERP中财务数据，根据财务科目归集方法计算取得。

2）计算指标，由统计指标按照财务公式计算取得。

3）常值指标，如所得税率等。

基于上述方法实现的企业价值链固化页面如图 10-8 所示。

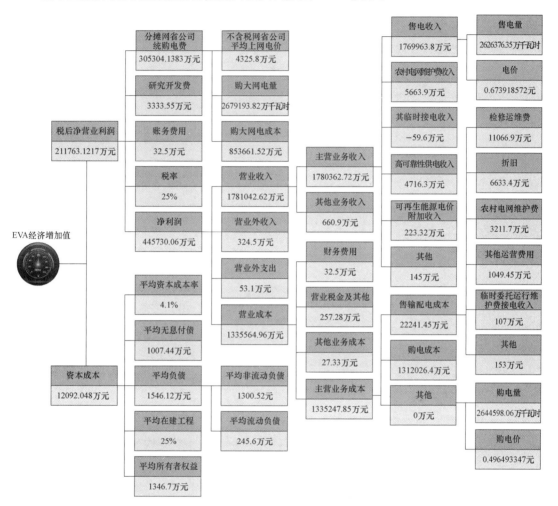

图 10-8　企业价值链固化页面

在企业价值链树状结构上，通过任意选取上下级指标并点击"加入曲线"功能，可以直观展现 EVA 各层次驱动因子间的关联变化关系。如图 10-9 所示，公司本部 1—9 月营业总收入和营业总成本受购售电影响呈逐月平稳上升趋势，但受购售电结算周期不一致及节假日期间负荷波动影响，营业利润呈现波动，影响 EVA 完成情况。结果如图 10-9 所示。

（2）视角 2：从财务向营销业务穿透分析。

该视角以主营业务收入这一财务指标为切入点，穿透至售电业务开展关联分析。利用营销系统、用电信息采集系统中电量数据，挖掘售电量居前的主要的行业和大用户，分析其用电行为及对企业经济增加值的影响程度。

在具体实现时，对购售电业务按照行业、电价等维度需要进行细化分类统计和分析。如按照产业类别分，售电量可以细分为第一产业用电、第二产业用电、第三产业用电等；

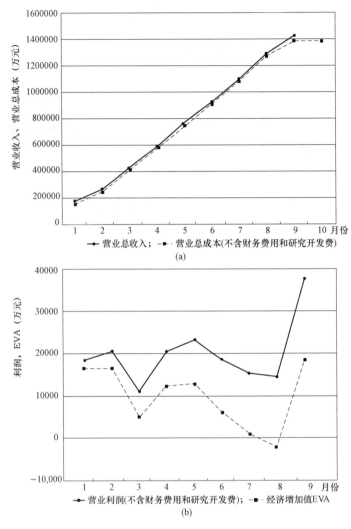

图 10-9　价值驱动因子关联分析示例
(a) 示例一；(b) 示例二

按照行业类别，售电量根据八大行业分类并向下继续细分。基于上述方法实现的主营业务收入穿透分析固化页面如图 10-10 所示。

对 2016 年 9 月××公司本部售电量这一业务情况进行穿透分析表明：高压用户电量占总售电量的 91.4%，从八大行业分类来看，工业售电量占到高压用户电量的 88.5%，在工业用户中，制造业占比为 97.3%；在制造业中，纺织业占比为 58.0%。这样经过层层穿透，最终定位到纺织业这一××公司重点支柱行业售电情况。在对行业电量进行统计的同时，也关心行业龙头企业的用电情况，在这个模型中，利用"TOP10"功能，可以有针对性地查看任一行业下主要用户的用电情况。例如，在制造业中电量居前的是"××石化有限公司"，画面上显示的是其每日电量和负荷波动情况。通过这种穿透，有助于财务人员和管理层及时了解主要行业和用户电量走势，为专业管理和公司决策提供科学辅助。售电量穿透分析示例如图 10-11 所示。

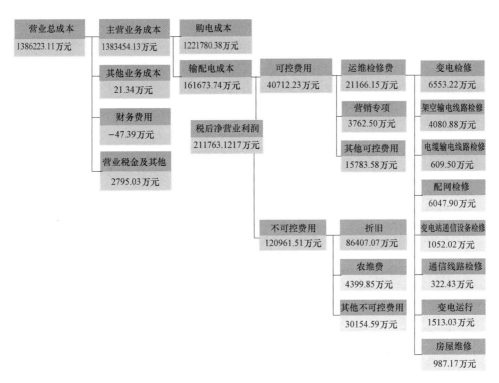

图 10‑10   主营业务收入穿透分析固化页面

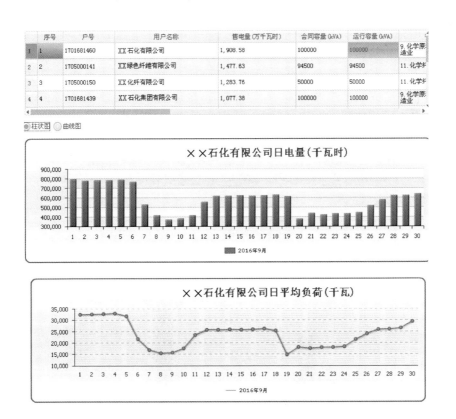

图 10‑11   售电量穿透分析示例

（3）视角3：从财务向项目管理业务穿透分析。

分别以主营业务成本、资本成本这两个财务指标为切入点，穿透至成本、资本性项目业务开展关联分析。利用ERP系统中各类项目明细数据，分析项目资金发生、物资领用业务行为异常情况，以及对企业经济增加值的影响程度。

在具体实现时，根据项目业务的特点和管理薄弱环节，设置资金发生进度情况、资金发生进度为负、资金发生进度偏差、物资大额冲销等若干规则，监测业务发生异常行为。基于上述方法实现的主营业务成本和资本成本穿透分析固化页面如图10-12所示。

图10-12　主营业务成本和资本成本穿透分析固化页面

以"变电检修"这一子项为例，可以进一步查看今年下达的该类项目资金执行情况和物料领用情况。例如，"220kV虎象变电站等12座变电站隔离开关大修项目"，今年下达资金310万元，截止6月底资金发生率为20.2%，经过异动预警和协调控制，截至9月底，该项目资金完成已达到62.2%，工程和资金进度完成压力得到了有效缓解。成本性项目穿透分析示例如图10-13所示。

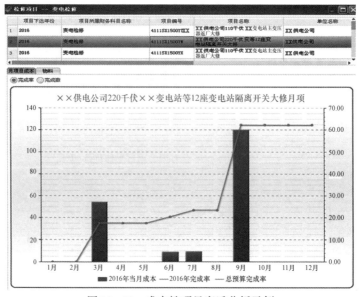

图10-13　成本性项目穿透分析示例

10.4 场景四：业务智能分析提升现金流精准控制

10.4.1 挖掘目标的提出

资金收支预测准确与否直接影响融资决策，事关企业未来的核心竞争力，进行资金业务智能化分析及资金缺口辅助预测迫在眉睫。电网企业最核心的业务就是售电，其现金流预测直接关系到整个企业的资金安排。针对该问题，××电网企业尝试全口径数据接入，搭建售电管理辅助决策平台，为后续资金业务分析提供数据支撑，基于相关业务数据，开展售电业务智能化分析、展示，对企业售电规律进行挖掘、统计、梳理、分析，为相关财务人员提供所需统计图表，并在此基础上通过机器学习、统计分析等技术手段预测出每月售电现金流量，为企业资金管理、融资决策提供数据参考。

10.4.2 挖掘做法与过程

1. 数据采集

基于公司级大数据平台，获取营销、财务管控、ERP 系统中资金收支业务相关的财务、业务数据。对未接入大数据平台的所需数据提出接入申请。

2. 数据处理

对大数据平台采集的数据进行检查核对，确保获取数据与源业务系统数据一致。根据财务各类资金收支分析目标，对现有数据进行梳理、整合、统计，建立业务数据对象模型。

3. 挖掘视角

(1) 视角 1：电费资金归集分析。

基于营销电费账户数据模型，开展电费账户各类资金变动情况分析统计，并实现按月、日的电费账户资金归集率的在线计算，便于财务人员及时掌握电费资金到账及归集情况，为电费资金预测提供参考依据。结果如图 10 - 14、图 10 - 15 所示。

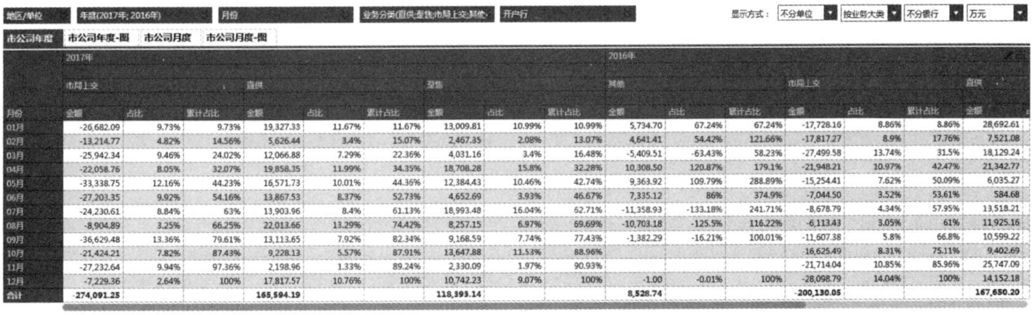

地区/单位 年度(2017年; 2016年) 月份 业务分类(直供;趸售;市局上交;其他) 开户行 显示方式： 不分单位 按业务大类 不分银行 万元

市公司年度 市公司年度-图 市公司月度 市公司月度-图

	2017年									2016年						
	市局上交			直供			趸售			其他			市局上交			直供
月份	金额	占比	累计占比	金额	占比	累计占比	金额	占比	累计占比	金额	占比	累计占比	金额	占比	累计占比	金额
01月	-26,682.09	9.73%	9.73%	19,327.33	11.67%	11.67%	13,009.81	10.99%	10.99%	5,734.70	67.24%	67.24%	-17,728.16	8.86%	8.86%	28,692.61
02月	-13,214.77	4.82%	14.56%	5,626.44	3.4%	15.07%	2,467.35	2.08%	13.07%	4,641.41	54.42%	121.66%	-17,817.27	8.9%	17.76%	7,521.08
03月	-25,942.34	9.46%	24.02%	12,066.88	7.29%	22.36%	4,031.16	3.4%	16.48%	-5,409.51	-63.43%	58.23%	-27,499.58	13.74%	31.5%	18,129.24
04月	-22,058.76	8.05%	32.07%	19,858.35	11.99%	34.35%	18,708.28	15.8%	32.28%	10,308.50	120.87%	179.1%	-21,948.21	10.97%	42.47%	21,342.77
05月	-33,338.75	12.16%	44.23%	16,571.73	10.01%	44.36%	12,384.43	10.46%	42.74%	9,363.92	109.79%	288.89%	-15,254.41	7.62%	50.09%	6,035.27
06月	-27,203.35	9.92%	54.16%	13,867.53	8.37%	52.73%	4,652.69	3.93%	46.67%	7,335.12	86%	374.9%	-7,044.50	3.52%	53.61%	584.68
07月	-24,230.61	8.84%	63%	13,903.96	8.4%	61.13%	18,993.48	16.04%	62.71%	-11,358.93	-133.18%	241.71%	-8,678.79	4.34%	57.95%	13,518.21
08月	-8,904.89	3.25%	66.25%	22,013.66	13.29%	74.42%	8,257.15	6.97%	69.69%	-10,703.18	-125.5%	116.22%	-6,113.43	3.05%	61%	11,925.16
09月	-36,629.48	13.36%	79.61%	13,113.65	7.92%	82.34%	9,168.59	7.74%	77.43%	-1,382.29	-16.21%	100.01%	-11,607.38	5.8%	66.8%	10,599.22
10月	-21,424.21	7.82%	87.43%	9,228.13	5.57%	87.91%	13,647.88	11.53%	88.96%				-16,625.49	8.31%	75.11%	9,402.69
11月	-27,232.64	9.94%	97.36%	2,198.96	1.33%	89.24%	2,330.09	1.97%	90.93%				-21,714.04	10.85%	85.96%	25,747.09
12月	-7,229.36	2.64%	100%	17,817.57	10.76%	100%	10,742.23	9.07%	100%	-1.00	-0.01%	100%	-28,098.79	14.04%	100%	14,152.18
合计	-274,091.25			165,594.19			118,393.14			8,528.74			-200,130.05			167,650.20

图 10 - 14 资金变动情况

(2) 视角 2：预测资金业务缺口。

对获取的数据进行智能化分析，通过对电费资金的归集、电费收费时长数据的分析验证，进一步梳理资金业务，构建资金缺口模型，利用聚类、回归、关联分析等大数据机器学习算法分析相应的资金流动规律，使得资金流量和资金缺口能够得到较为全面、精准的预测。

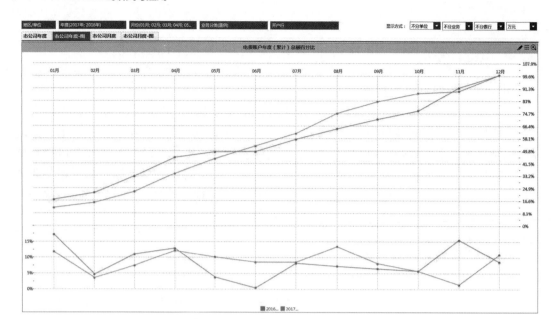

图 10-15　按月企业电费归集

针对售电月现金流量的预测，采用了 ARIMA（Autoregressive Integrated Moving Average model，整合移动平均自回归模型）时间序列模型和加法模型，将月现金流量序列按高低压用户分解为趋势分量序列、季节周期分量序列和随机分量序列，并分别对这三个序列进行预测，最后将三个序列的预测值合计得到月现金流量。其中对趋势分量采用 ARIMA 模型进行预测，对季节周期分量按"近大远小"原则采用基于历史同期同类分量的加权法进行预测，对随机分量采用历史同期同类的平均值进行预测。

以预测次月资金流入、资金流出及期末货币资金余额为目标，搭建资金缺口模型。模型构建时采用耦合结构，为业务项调整、预测方法调整、数据源调整等提供扩展可能。具体计算公式为

当月期初货币资金余额＋当月预测值（流入－流出）
＝当月期末货币资金余额（作为下月期初货币资金余额）
下月期初货币资金余额＋下月预测值（流入－流出）
＝下月期末货币资金余额

资金缺口模型如图 10-16 所示。

单位	指标	期间	预测值	实际值	修正值	版本	预测日期
母公司	流入	每月25号左右预测					
	流出						
	货币资金余额	计算公式：					
子公司	流入	当月期初货币资金余额+当月预测值(流入－流出)=当月期末货币资金余额					
	流出	下月期初货币资金余额+下月预测值(流入－流出)=下月期末货币资金余额					
	货币资金余额						

图 10-16　资金缺口模型

【应用案例 10 - 3】××电网企业在运用大数据机器学习工作之前，预测往往凭借相关业务人员多年工作经验，通过多种报表数据的整合分析等方式，确定一个大概金额，不仅预测准确率低，且工作强度大。运用大数据平台的机器学习、统计分析技术可以科学准确地预测出每月资金缺口数据，大幅度地提高财务工作效率。通过对 2017 年项目实施前后电费资金预测结果对比，预测偏差率由（−4～−18）提升至（0～4），预测的偏差率较人工预测偏差率下降明显。项目实施前某电网企业电费资金预测结果如表 10 - 1 所示，项目实施后某电网企业电费资金预测结果如图 10 - 17 所示。

表 10 - 1　　　　　　　　　项目实施前某电网企业电费资金预测结果

月份	预测金额（万元）	实际金额（万元）	偏差金额（万元）	偏差率（%）
1	15 477.5	15 917.01	−439.51	−2.76
2	13 090	11 049.58	2040.42	18.47
3	13 480	14 554.03	−1074.03	−7.38
4	16 468	16 262.14	205.86	1.27
5	16 060	15 864.74	195.26	1.23
6	16 483	16 307.87	175.13	1.07
7	16 874	16 690.84	183.16	1.10
8	20 880	20 590.83	289.17	1.40
9	19 843	18 863.91	979.09	5.19
10	15 335	15 531.51	−196.51	−1.27
11	15 120	15 872.75	−752.75	−4.74
12	16 140	16 369.33	−229.33	−1.40

图 10 - 17　项目实施后某电网企业电费资金预测结果

10.5　场景五：基于多元数据辅助决策大修资金划分

10.5.1　挖掘目标的提出

近年来，由于原材料、备件等大幅度调价，电网资产规模日益庞大及设备大修资金提取率偏低等原因，所提取的设备大修资金难以满足生产的需要，因此，设备运维检修与大修资金之间呈现失衡状态，为了能够消除两者之间日益突出的矛盾，需对大修项目历史数据进行挖掘分析，基于数据建立大修成本分析评价模型，对未来大修项目资金进行主动式分析分配，形成一种合理、精准、科学的大修资金分配方式，推动大数据分析挖掘技术等与传统运检业务相融合，加快智能运检体系建设，引领适应电网快速发展的运检管理和技术变革。

10.5.2 挖掘做法与过程

1. 数据采集

PMS系统、营销系统电量、ERP系统PM模块的明细数据。

2. 数据处理

基于历史数据对大修项目资金分配的多重影响因素进行单因素分析，经过探讨，共总结提炼出如下7个因素进行初步分析：设备资产规模、设备累计折旧、用电量、缺陷、大修资金完成率、项目验收评分、国网大修项目储备目标达标。挖掘出各个因素在不同县公司、不同类型设备上所呈现出的状态。

3. 挖掘视角

（1）视角1：设备资产规模分析。

设备资产规模是指供电公司现有设备的总额，包括变压器、线路、工具以及其他与生产、经营有关的设备、器具、工具等，是设备检修运维费用的主要影响因素。为进行设备资产规模的深入研究，能清晰查看各县公司各大类、中类、细类的资产统计数据，需要建立便捷有效的设备资产数据库。设备资产分析图如图10-18所示。

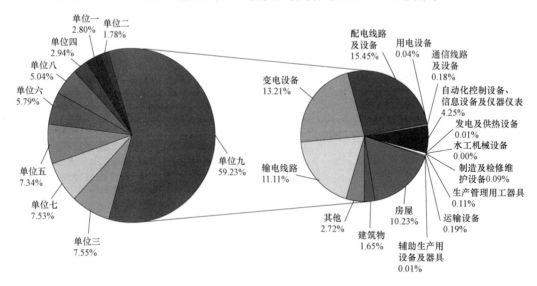

图10-18 设备资产分析图

（2）视角2：设备成新率分析。

设备成新率是指反映设备的新旧程度，也就是设备的现行价值与其全新状态重置价值的比率。设备的投运年限越长，设备的成新率越低，累计折旧越高，大修的费用越多。设备成新率是设备运维检修的重要影响因素。设备成新率分析如图10-19所示。

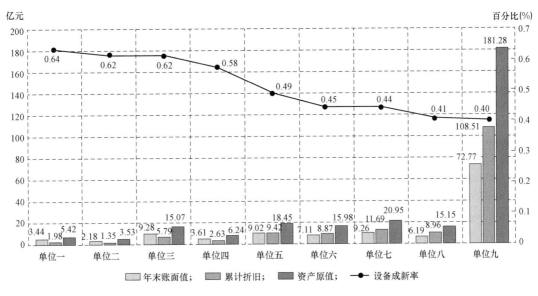

图 10 - 19　设备成新率分析图

（3）视角 3：用电量分析。

用电量与本地区的电网资产规模呈正相关关系，一个地区用电量越大，所需的变压器、输电、配电等设备数量也越大，因此需要投入的维修资金也相应增多。可通过时间序列分析、长短期记忆神经网络等算法对下年度用电量进行预测，结果作为大修成本评价模型的重要因素。用电量分析如图 10 - 20 所示。

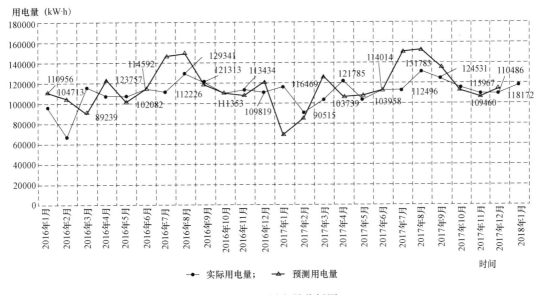

图 10 - 20　用电量分析图

（4）视角 4：缺陷分析。

设备的缺陷对于电网企业的成本预测、设备选型、生产运维等管理工作具有重要意义，不同地区变电、配电、输电、继电保护及安全自动装置、调度系统、自动化、通信等不同类型的设备缺陷，缺陷越多的地区，需分配的运维检修成本越高，将各地区的各设备缺陷作为大修成本评价模型的重要影响因素，进行资金分配。缺陷分析如表 10 - 2 所示。

表 10 - 2　　　　　　　　　　缺 陷 分 析　　　　　　　　　　　　条

10kV			20kV		
一般缺陷	已消缺	100	一般缺陷	已消缺	278
	未消缺	837		未消缺	177
严重缺陷	已消缺	35	严重缺陷	已消缺	20
	未消缺	32		未消缺	26
紧急缺陷	已消缺	8	紧急缺陷	已消缺	17
	未消缺	0		未消缺	0

（5）视角 5：大修资金完成率分析。

大修资金的使用情况反映出大修可研资金申报与实际工程价格之间的差异，按照资金完成率的好坏进行地区排名，以大修资金完成率作为下一期大修资金划分的依据之一。大修资金完成率分析如图 10 - 21 所示。

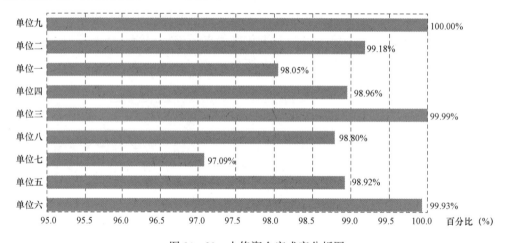

图 10 - 21　大修资金完成率分析图

（6）视角 6：项目验收评分分析。

项目验收评分可量化反应出该项目的质量情况，验收评分较高表面该项目执行质量更加接近预期，以县局为统计范围，通过统计对比各个县局之间的项目验收评分，以此作为大修资金划分的激励因素进行分析。历史项目验收评分较高的，相应的大修资金分配较多；反之，分配较少。项目验收评分分析如图 10 - 22 所示。

（7）视角 7：大修项目储备目标达标分析。

按照历史情况为每个地区制定大修项目储备目标，通过挖掘分析各个地区对于储备目标的完成情况进行排名，以每个地区储备目标完成情况作为下一期大修资金划分的依据。大修项目储备目标达标分析如图 10 - 23 所示。

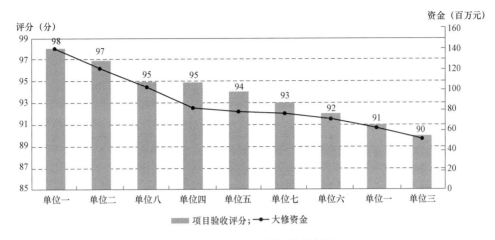

图 10-22　项目验收评分分析图

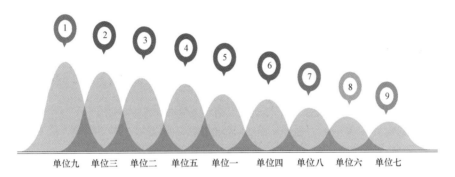

图 10-23　大修项目储备目标达标分析图

【应用案例10-4】通过本项目研究和成果应用后，优化提升了现有分配模式，大修成本评价基于大数据挖掘分析技术，形成了合理、精准、科学的大修资金分配模型，将基于经验的分配方式转换为基于数据，使得资金分配更加客观、科学、透明。对某市的大修资金历史流向有深层次、全维度的了解，对未来大修资金分配更加科学、合理、公平，能实现大修项目资金精准投资，有助于深化项目需求侧管理和减少大修资金的浪费。

实现大修资金精准分配，形成合理、科学的大修资金分配模型，有效避免设备运维检修与大修资金之间呈现的失衡状态。优化提升现有分配模式，使得资金分配更加客观、科学、透明。

从公司角度出发，整合多元资源，借助大数据挖掘手段对大修资金开展分析。基于关联分析找寻处影响大修资金分配的影响因素，以影响因素建立大修资金分配模型，为大修资金分配提供辅助决策。

参 考 文 献

[1] 唐晓瑭，何婉欣. 大数据时代下电网企业财务管理转型构建 [J]. 财务管理与资本运营，2015 (8)：69-71.

[2] 马惠琴. 电网企业实施 ERP 项目的对策措施 [J]. 会计审计，2014 (18)：52-53.

[3] 鞠家凤. 论在建工程中的成本管理 [J]. 黑龙江科技信息，2011 (16)：332-333.

[4] 赵巍. 浅谈工程项目成本管理 [J]. 黑龙江科技信息，2007 (18)：233.

[5] 国网甘肃省电力公司. SAP ERP 系统在电网建设中的应用 [M]. 北京：清华大学出版社，2014.

[6] 赵元杰，胡亦玺. 国网浙江省电力公司会计核算手册 [M]. 杭州：浙江人民出版社，2015.

[7] 邹伟. 国网浙江省电力公司省市县财务管理一体化研究与创新实践 [M]. 杭州：浙江人民出版社，2015.

[8] 孙滢洁. 电力企业财务管理创新策略研究 [J]. 经营管理者，2015 (29)：106.

[9] 宋少华. 加强电力企业财务管理浅析 [J]. 中国市场，2016 (28)：123-124.

[10] 陈亮，卢立宁. 电力企业财务管理信息化的现状分析及相关问题的探究实践 [J]. 工业设计，2016 (08)：144.

[11] 王瑾. 浅谈如何加强电网企业财务管理 [J]. 科技创新与应用，2014 (20)：264.

[12] 马惠琴. 电网企业实施 ERP 项目的对策措施 [J]. 中外企业家 2014 (18)：52-53.

[13] 王纹，孙健. SAP 财务管理大全 [M]. 北京：清华大学出版社，2005.

[14] 寿猛生. 走进电力 ERP [M]. 杭州：浙江大学出版社，2014.